카카오 네이버, 지금 사도 될까요

DIGITAL PLATFORM

테슬라부터 당근마켓까지,
디지털 플랫폼의 기본

카카오
네이버,
지금 사도 될까요

박재원 지음

메이트북스

메이트북스 우리는 책이 독자를 위한 것임을 잊지 않는다.
우리는 독자의 꿈을 사랑하고,
그 꿈이 실현될 수 있는 도구를 세상에 내놓는다.

카카오 네이버, 지금 사도 될까요

초판 1쇄 발행 2022년 1월 12일 ｜ 초판 2쇄 발행 2022년 2월 10일 ｜ 지은이 박재원
펴낸곳 ㈜원앤원콘텐츠그룹 ｜ 펴낸이 강현규·정영훈
책임편집 오희라 ｜ 편집 안정연 ｜ 디자인 최정아
마케팅 김형진·서정윤·차승환 ｜ 경영지원 최향숙 ｜ 홍보 이선미·정채훈
등록번호 제301-2006-001호 ｜ 등록일자 2013년 5월 24일
주소 04607 서울시 중구 다산로 139 랜더스빌딩 5층 ｜ 전화 (02)2234-7117
팩스 (02)2234-1086 ｜ 홈페이지 matebooks.co.kr ｜ 이메일 khg0109@hanmail.net
값 18,000원 ｜ ISBN 979-11-6002-366-4 03320

현명한 투자자는
특정 자산의 미래 수익에 대한
전망을 바탕으로
자산을 매수하는 사람이다.

• 존 메이너드 케인스(영국 경제학자) •

플랫폼 기업에서 시작된 혁명이
세상을 바꾸다

"뭘 그런 걸 또 샀니?" 기억이 희미하지만 '헐'이라는 글자가 발등에 크게 적힌 양말을 가방에서 꺼내자 내 방으로 뒤따라 들어온 엄마가 한심하다는 듯 물었던 것 같다.

"내가 산 거 아냐 누가 선물로 줬어…" 퉁명스럽게 선물이라고 말하자 엄마는 더욱 황당하다는 표정을 지었다. "선물?" 아무 생각이 없던 나도 이상하게 느껴졌다. '그러게 뭘 이런 걸 만들었을까 참…'

여러 가지가 독특했다. '김봉진'이라는 이름도, '배달의 민족'이란 사업 아이템도, 석촌호수가 한눈에 보이는 사무실(지금은 본사 사옥을 올림픽공원 앞으로 옮겼다)에 간식을 가득 채워놓은 모습도, 신나게 일하던 직원들의 표정도, 기념품이라고 준 양말까지도.

수도공고를 졸업하고 서울예대에서 디자인을 전공한 김봉진 대표는 수년 전 기자에게 자신이 시작한 사업을 '21세기 최첨단 지라시'라고 표현했다. 길거리에 버려진 지라시(전단지)를 앱을 통해 대체하겠다는 설명도 덧붙였다. 온 국민의 배달 앱이 된 '배달의 민족'의 시작이었다. 당시 배달 음식이란 것이 짜장면이나 치킨, 족발 등 특정 음식에 국한되어 있었으니 그럴 만했다. 길에 뿌려진 전단지, 상가책자가 익숙한 시절이었다.

배달의 민족의 시작은 단순한 '발상의 전환'이었지만, 당시 김 대표가 내린 플랫폼 산업에 대한 정의는 지금 봐도 명쾌하다. '여러 곳에 흩어져 있던 업체 정보를 앱에 모아 소비자들이 손쉽게 주변 가게에서 음식을 시킬 수 있게 하는 것.'

당시 그의 설명은 현재 전 세계 산업을 이끌고 있는 '플랫폼'에 대한 의미를 정확히 담고 있다. '업체 정보' '주변 가게' '음식' 등을 다른 것으로 대체한다면 어느 분야에서도 의미가 통용될 수 있으니 말이다. 아마존과 쿠팡을 '여러 곳에 흩어져 있던 물건을 앱에 모아 소비자들이 쉽게 물건을 주문할 수 있게 하는 것'으로 정의할 수 있지 않을까.

전단지를 대체하겠다던 배달 플랫폼은 거대 빅테크(대형 IT기업)가 되었다. 이것이 바로 플랫폼의 힘이다. 고객을 끌어모으고 나니 무서울 게 없어졌다. 동네 장 보기, 전국 신선식품 배송까지 전선을 넓히고 있는 이유다.

플랫폼이 세상을 지배할 것이란 전망은 이미 수년 전부터 쏟아졌다. 글로벌 석학이 아니더라도 누구나 예측하던 미래였다. 하지만 상상 이상으로 힘이 강했다. 실제 우린 출근길에 유튜브 주식 방송으로 하루를 시작해 배달의 민족으로 점심을 해결하고, 쿠팡으로 동이 난 휴지와 치약을 주문하며 생활하고 있다. 경조사비를 카카오톡으로 보내고 넷플릭스로 미드를 보지 않으면 잠이 오지 않는 사람까지 생겼다. 월 구독료나 서비스를 이용할 때 내는 비용을 아까워하지 않은 지 오래다. '일상이 플랫폼'이 되었다는 평가가 나오는 이유다.

플랫폼은 소비의 패턴까지 완전히 바꿔놓았다. 여행지를 생각할 때 '야놀자'를, 맛집을 검색할 때 '망고플레이트' 앱을 자연스럽게 활용한다. '생산자 → 도매상 → 소매상 → 소비자'로 이어지던 전통적인 소비 방식에 새로운 녀석이 끼어든 셈이다. '생산자 → 플랫폼 → 소비자'로 이어지는 전례 없던 방식이다. 생산자는 상품이나 서비스 공급을 위해 플랫폼을 거치고, 소비자들은 플랫폼을 통해 소비하는 방식이 익숙해졌다. 플랫폼 사용료를 기꺼이 지불하면서도 말이다.

우리에게 친숙해진 플랫폼이지만 막상 설명하려니 어렵다. "그… 배달의 민족이나 카카오 같은 거 있잖아"라고 해버리면 그만인데 영 개운치 않다. 고민하는 이들을 위해 플랫폼을 '나이트클럽'에 비유하는 이들도 생겨났다. 남성과 여성이 모일 수 있는 '만남의 장'을 마련해놓고 '부킹'이라는 '서비스'를 통해 보다 쉽게 이들이 대화를 나눌 수 있게 만들어주는 그곳이 바로 플랫폼이라고 했다. (물론 클럽문화에 익숙한 젊은이들에겐 영화 속에서나 볼 수 있는 장면이다. 코로나19 사태가 나이트클럽 문화를 빠르게 사장시키고 있는 지도 모르겠다.)

문제는 진화 속도다. 'Video killed the radio star(비디오가 라디오스

타를 몰아냈다).' 영국 밴드 버글스가 남긴 유일한 히트곡인 이 노래 제목처럼 새로운 것의 등장은 오래된 것을 몰아낸다. 멸종된 새로 알려진 '도도새'처럼 무관심 속에 싸울 대상이 사라져 스스로 퇴화하거나, 유인원 가운데 가장 덩치가 큰 영장류로 알려진 기간토피테쿠스처럼 경쟁에 밀려 멸종하기도 한다. (기간토피테쿠스가 육식이었는지, 초식이었는지는 여전히 밝혀지지 않았다. 하지만 대나무를 먹고살았던 기간토피테쿠스가 판다와의 대나무 확보 경쟁에서 밀려 멸종했다는 설이 있다.)

거대 플랫폼 기업의 등장이 많은 것들을 바꿔놓고 있는 것만은 분명하다. 비디오가 라디오스타를 몰아내듯 주류 패러다임을 바꾸고, 경쟁에 밀려 멸종하는 기간토피테쿠스도 여럿 만들어낸 것이다. 아마존의 등장으로 미국 백화점 시어스, 세계 1위 완구회사였던 토이저러스, 미국 대형서점 체인 반스앤드노블 등이 역사 속으로 사라진 것처럼 말이다. 아마존의 독주 체제는 더욱 완고해지고 있다. 시장에선 아마존의 영향권에 든 기업들을 추려 '아마존 공포종목지수'를 만들어냈을 정도다.

내 삶을 바꾸고, 세상을 바꾸는 플랫폼 기업들의 상승세가 이처럼 매섭다. 굳이 글로벌로 눈을 돌리지 않아도 국내에서 이 같은 변화가 감지된다. 공장 하나 없는 네이버와 카카오의 시가총액이 현대차와 LG화학을 넘어섰고, 카카오뱅크의 기업가치가 국내 시중은행을 단숨에 제친 것만 보더라도 변화를 실감케 한다. 카카오는 네이버의 분기 매출을 넘어서며 본격적인 선두 다툼을 예고했다.

페이스북은 가상세계 플랫폼인 메타버스 사업을 본격화하겠다며 사명을 '메타'로 바꿨고, 모빌리티 플랫폼으로 진화한 테슬라는 주당 1천 달러를 넘어서며 새 역사를 쓰고 있다.

SNS(소셜 네트워크 서비스)라곤 해본 적이 없는 필자는 카카오뱅크를 쓰기 시작했다. 진짜 플랫폼에 살고, 플랫폼에 죽는 '폼생폼사의 시대'가 찾아왔다는 것을 여실히 실감했다. 이것이 바로 이 책을 쓰게 된 이유다.

나 같은 슬로우 팔로워(slow follower)를 움직인 힘은 무엇일까? 이들의 질주는 어디까지 이어질까? 우리에겐 플랫폼 기업들을 제대로 읽어낼 수 있는 '플랫폼 리터러시(platform literacy)'가 있을까? 카카오나 네이버 주식을 지금 사도 될까? 플랫폼을 장악한 기업이 바꾸는 미래, 플랫폼 버블에 대한 의구심이 궁금하다면 다음 페이지를 넘겨보자. 이 책을 읽고 'next level'에 도달해 있을 나 자신을 기대하며.

박재원

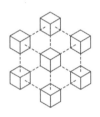

차례

3장　숙명의 라이벌, 네이버 VS 카카오

4장　조금 더 새로운 녀석들이 온다

카카오뱅크의 습격은 우리에게 새로운 금융 트렌드를 제시했다. '카카오톡'이란 국민 메신저에서 시작한 카카오는 모빌리티, 금융, 콘텐츠 등을 통해 우리의 삶 곳곳에 스며들고 있다. 국내뿐 아니다. 온오프라인의 경계를 깬 플랫폼 기업들은 몸집을 점차 불려나가고 있다. 시장에선 성장에 대한 기대감과 버블에 대한 우려가 공존한다. 한 애널리스트는 말했다. "꿈에는 버블이 없다. 그 꿈에 대한 시장의 평가가 과했다면, 그리고 그것을 시장이 인지하고 하락하기 시작했다면, 그 이전의 현상을 버블이라는 이름으로 표현하게 되는 것"이라고 말이다. 플랫폼의 시작과 끝을 알아보자.

1장

정말 카뱅은
돈을 벌게 해줄까?

카카오가 바꾼 세상, 플랫폼의 괴력

카카오의 진화는 많은 의미를 담고 있다. 플랫폼이 세상을, 내 삶을 바꾸고 있다.
확실한 것은 더 이상 카카오와 같은 플랫폼을 빼고선
산업 생태계와 우리의 일상을 논할 수 없다는 점이다.

어느 날 친구가 물었다. "카카오뱅크로 돈을 벌 수 있어?" 기업공개(IPO)를 앞두고 있던 터라 당연히 주식 얘기라고 생각했다. 그간 공모주 청약 열기가 워낙 뜨거웠으니 말이다. 실제 증권부 기자인 필자에게 많은 이들이 물었다. "카카오뱅크 청약을 해야 해요, 말아야 해요?" 가장 곤란한 질문 중 하나다. 맞히면 본전, 틀리면 역적이 되니 말이다.

"글쎄, 따상(상장 첫날 공모가의 2배로 거래를 시작해 다시 상한가를 기록하는 것)을 갈 수 있을지는 모르겠지만 상장하고 나선 한동안 좀 오르지 않을까? 빅히트(현재 사명은 하이브)도 고평가니 어쩌니 했지만 결국 시장은 플랫폼, BTS(방탄소년단)를 보고 투자하고 있잖아." 자신 있는 척 답했지만 100% 확신은 없었다.

친구는 그런 내게 무슨 소리냐는 표정으로 재차 물었다. "아니 카카오뱅크를 쓰면 돈을 벌 수 있냐고…"

"그게 말이 되냐?"고 핀잔을 줬지만 헤어지고 나니 그럴 수도 있겠다 싶었다. 게임하듯 돈을 모으는 '26주 적금'이라는 카카오뱅크만의 시도가 떠올라서다. 그리고 깨달았다. 친구가 카카오라는 플랫폼을 철저하게 믿고 있다는 사실을 말이다. 그는 카카오가 만든 은행은 다를 것이라고 확신했다. 제로(0)금리 시대에 뭔가 새로운 대안을 제시할 것이란 기대도 컸다.

실제 코로나19 사태 이후 국내 증시를 대표한 BBIG(바이오·배터리·인터넷·게임) 7개 종목 가운데 플랫폼 업체(네이버·카카오)가 두 곳이나 되었다. 2008년 금융위기 이후 차화정(자동차·화학·정유)이 한국 주식시장을 이끌던 것을 감안하면 산업 패러다임이 완전히 바뀌었음을 알 수 있다. 플랫폼 기업들은 완벽히 새로운 시대의 주도주(株)로 자리 잡았다.

이들의 질주는 유독 매서웠다. 2020년 가파르게 오르던 증시가 이듬 해 지지부진했을 때도 나홀로 연일 신고가를 기록했다. (물론 정부와 여당이 빅테크 규제를 시사하자 이틀 새 시총이 20조 원 가까이 증발했다. 이후 연말까지 새 동력을 찾지 못한 탓에 한동안 부진했다.)

'네이버와 카카오라면 무엇이든 할 수 있을 것 같다'는 믿음이 투자자들을 끌어당기고 있다. 특히 초록색 검색창 네이버와 국민 메신저 카카오톡을 앞세운 이들은 '익숙함'을 무기로 문어발식 영토 확장에 열을 올리고 있다. 전 방위로 퍼져나가는 이들의 모습을 보며 그 끝을 쉽게 가늠하기 어려울 정도다.

플랫폼에 스며들다

내가 카카오뱅크를 시작한 것 역시 카카오톡의 익숙함과 고객 편의성을 극대화한 카카오뱅크만의 간편한 대출 절차 때문이었다. 3천만 원이란 적지 않은 돈을 빌리는 데 걸린 시간은 불과 몇 분. 카카오톡에 너무 친숙해진 나머지 대면 서비스가 아니라면 좀처럼 믿지 않았던 내가 카카오뱅크에서 돈을 빌리는 모습에 놀라지 않을 수 없었다. 카카오뱅크 가계대출 잔액이 23조 원(2021년 6월 말 기준)에 달할 수 있던 힘이 이런 것이 아닐까.

플랫폼은 우리의 삶에 소리 없이 스며들고 있다. '익숙함은 해치지 않는다.' 최근에 만난 토스 관계자는 "토스가 새로운 것을 내놓을 때 어떻게 하면 시장을 놀라게 할 것이냐가 아니라, 어떻게 하면 새로운 서비스가 더해지더라도 그간 고객들이 토스를 사용하면서 느꼈던 익숙함을 해치지 않을까를 가장 최우선으로 고민한다"고 했다. 플랫폼 기업의 숨겨진 경영 비법처럼 느껴졌다. '익숙함을 해치지 않고 서서히 스며든다.'

글로벌 플랫폼 기업인 구글, 아마존, 에어비앤비, 우버 등의 등장은 우리의 삶을 송두리째 바꿔놓았다. 『플랫폼 레볼루션』을 쓴 제프리 파커와 마셜 밴 앨스타인이 '플랫폼은 이미 세상 자체를 바꾸고 있다'고 표현한 이유다.

우리에게 친숙한 카카오를 예로 들어보자. 카카오는 실제 출시 10년 만에 사람들의 생활 방식을 완전히 바꿔놓았다. 모든 기업이 그렇듯 시작은 미약했다. 카카오의 전신인 아이위랩(IWIRAB)은 '무언가 새로운 것'을 만들고 싶다는 생각을 가진 이들이 모인 회사였다. 그들은 구독 서비스 '부루(buru) 닷컴', 집단지성 웹서비스를 표방한 '위지아(wisia) 닷컴' 등을 내놨지만 성공하지 못했다. 웹 기반 서비스 대신 모바일 서비스를 만들어야겠다고 생각을 바꿨다. 그렇게 탄생한 카카오톡은 새로움을 추구했지만 세상에 없던 완전히 새로운 것은 아니었다. 이미 왓츠앱과 같은 모바일 메신저가 시장에 선보인 후였기 때문이다. 대신 편리함과 익숙함을 무기로 삼았다. 한 개발자의 실제 딸 목소리로 녹음된 '카톡' 알림음은 친숙함을 더했다. (당시 딸은 30개월이었다고 한다.)

카카오톡의 당시 목표는 사용자 10만 명을 확보하는 것이었다. 2010년 말 스마트폰 보급 대수가 710만 대였을 당시 이미 카카오톡 이용자가 500만을 넘어섰다. 현재 4,662만 명(2021년 6월 말 기준)의 이용자를 확보한 국민 메신저의 위상을 생각하면 아주 소박한(?) 목표였던 셈이다.

카카오톡이 안정권에 접어들자 새로운 사업을 추가하기 시작했다. '선물하기'가 대표적이다. 카카오는 카카오톡 선물하기 서비스에 대해 "'상품'이 아닌 '선물'과 '감정의 전달'을 앞세운 이 서비스는 지난 10년간 모바일 커머스의 새 지평을 제시해왔다"고 평가했다. 모바일 쇼핑이 익숙하지 않던 기존 고객들의 소비 방식의 벽을 무너뜨렸다. 그 결과 10년 만에 제휴브랜드는 15곳에서 8천 곳으로, 입점 제품은 100개에서 50만 개(2020년 8월 기준)로 늘었다.

이후 이모티콘, 카카오스토리, 보이스톡, 게임하기 등에서 연타석 홈런을 쳤다. 톡비즈(카카오톡을 기반으로 한 비즈니스)에서 성공을 거두자 영역을 과감히 넓혀갔다. 현재는 선물하기와 같은 톡비즈 사업을 비롯해 카카오스토리, 페이지, 스타일 등 다음을 기반으로 한 포털비즈니스, 카카오톡의 시장 점유율을 무기로 한 카카오모빌리티, 카카오페이, 카카오뱅크까지 사업이 확장되었다. 멜론을 통한 음원콘텐츠, 웹툰, 게임 등 콘텐츠 사업자로서도 완전히 자리를 잡았다. 카카오톡 출시 11년 만에 분기 매출 1조 원이 훌쩍 넘는 거대 플랫폼 공룡으로 성장한 배경이다.

온오프라인의 경계를 깨다

플랫폼의 괴력은 온라인과 오프라인을 넘나들 수 있다는 점이다. 고객만 확보되어 있다면 온라인이든 오프라인이든, 현실세계든 메타버스[가상·추상을 뜻하는 메타(meta)와 현실세계를 뜻하는 유니버스(universe)의 합성어] 세상이든 문제될 것이 없다.

모바일을 장악한 카카오의 고민도 온라인을 넘어 오프라인으로 사업을 확장하는 것이었다. O2O(Online to Offline) 사업을 위한 팀을 꾸린 이유다. 무에서 유를 창출해야 하는 TF(태스크포스)가 만들어졌다. TF의 이름은 탐구생활. 구체적인 사업 아이템은 정해지지 않았지만 '생활플랫폼'을 만들겠다는 방향성은 확고했다.

한 승객이 카카오택시에 탑승하기 위해 문을 열고 있다. 택시, 대리운전 등의 기능을 탑재한 카카오 T는 카카오톡에 이어 국민 앱으로 자리잡았다.

출처: 카카오 홈페이지

음식배달, 중고거래 등 다양한 아이디어 가운데 '택시'가 채택되었다. 현재 택시, 대리운전 시장을 장악한 카카오T의 시작이다. '한국 모빌리티 비즈니스의 이정표'라고 평가 내려질 만큼 오프라인 시장에 뛰어든 카카오의 도전은 또 한 차례 성공을 거뒀다. 카카오는 카카오택시에 대해 직접 기술한 '택시를 디지털 트랜스폼 하다'라는 글을 통해 "택시를 부르면 '프사(프로필사진)'가 보이게 된 현실을 누가 상상했을까. 큰길로 나가 손을 흔들며 택시를 잡던 풍경뿐만 아니라 많은 것이 바뀌었다. 소중한 사람을 배웅하며 택시 번호판을 촬영하던 모습, 놓고 내린 물건이 떠올라 이리저리 전화하며 당황하던 장면들은 카카오택시로 인해 옛 일이 되었다"고 회상하기도 했다.

카카오가 하면 다르다?

　연이은 성공에 '카카오가 하면 다르다'는 시장의 기대치는 최고조에 달했다. 1992년 평화은행 설립 이후 23년 만에 인터넷전문은행이란 새로운 은행을 설립하겠다고 나선 '카카오뱅크'의 출범 당시도 마찬가지였다. 한국금융지주를 비롯해 카카오, KB국민은행, SGI서울보증, 우정사업본부, 넷마블, 이베이, 스카이블루(텐센트), YES24 등이 컨소시엄을 꾸렸다. 2015년 컨소시엄이 꾸려진 지 2년 만에 금융당국의 인가를 거쳐 세상에 모습을 드러낸 카카오뱅크는 첫날 30만 명의 계좌를 확보하는 돌풍을 일으켰다. 4년 후 이용자 1,600만 명, 월간 활성

| 내 손안의 은행 |

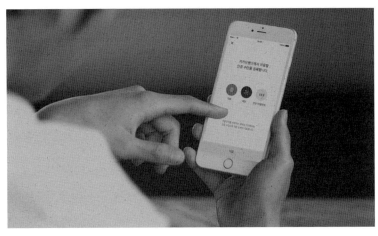

쉽고 편리하다는 장점을 앞세운 카카오뱅크는 빠르게 사용자를 늘려나가고 있다. 한 사용자가 카카오뱅크를 실행하고 있는 모습.

출처: 카카오뱅크 홈페이지

이용자(MAU·실제 서비스 이용 고객) 1,330만 명을 확보한 금융업계 '메기'가 되었다.

2021년 8월 6일, 카카오뱅크는 또다시 새로운 역사를 썼다. 이날 유가증권시장에 첫 상장한 카카오뱅크의 주가는 시초가 대비 29.98%(상한가) 오른 6만 9,800원에 마감되었다. 시총 33조 원, 은행주 1위였던 KB금융지주(21조 7,051억 원)를 제치고 단숨에 '금융 대장주'로 올라섰다. 전문가들은 "단순한 은행이 아닌 새로운 금융플랫폼이란 시장의 평가를 반영한 주가"라고 분석했다. 당장의 회사 실적이 아니라 전 세계적으로 전례가 없는 인터넷 전문은행의 상장에 대한 기대감이 더해졌다는 평가다.

카카오의 진화는 많은 의미를 담고 있다. 플랫폼이 세상을, 내 삶을 바꾸고 있다는 사실을 체감할 수 있는 좋은 사례이기 때문이다. 물론 카카오의 성장이 마냥 이로운지는 논쟁의 여지가 있다. 하지만 확실한 것은 더 이상 카카오와 같은 플랫폼을 빼고선 산업 생태계와 우리의 일상을 논할 수 없다는 점이다. 뒤이어 플랫폼의 성장 스토리와 우리 머릿속에 어렴풋이 자리 잡고 있는 플랫폼의 의미를 다시 짚어보려 한다.

우리가 아멕스 카드를
쓰고 있는 이유

플랫폼은 기차가 생겨나기 시작한 19세기 우리 곁으로 다가왔고,
우리가 이를 플랫폼이라 부르기 이전부터 존재했다.
플랫폼 세상에 살고 있는 우린 여전히 아직도 플랫폼을 정복하지 못했다.

나의 인생 첫 카드는 국민은행 노리(nori) 카드였다. 보라색 바탕에
알 수 없는 그림이 그려진 카드로 기억한다. 결제를 위해 카드를 내밀
때마다 부끄러웠다. 덩치에 맞지 않는 앙증맞은 카드 디자인 탓이다.
자신의 체크·신용카드를 고를 때 카드의 '디자인'을 보고 결정하는
이들을 이해하기 시작했다.

그 무렵 '아멕스 카드'의 존재를 접했다. 나는 궁금했다. 물류회사
인 아메리칸 익스프레스(아멕스)는 왜 카드 사업을 하는 것일까? 로마
군 백인대장이 그려진 아멕스 카드는 어떻게 갖고 싶은 카드가 되었
을까?

아멕스는 미국 대표 신용카드사 중 하나로 알려져 있다. 하지만 사
명에서 알 수 있듯 아멕스의 시작은 화물운송업이었다. 기차나 자동

아메리칸 익스프레스 카드 이미지. 화물운송업에서 시작한 아메리칸 익스프레스는 물류 플랫폼을
기반으로 금융업에 진출했다.

출처: 아메리칸 익스프레스 홈페이지

차가 없던 시절 주요 거점을 오가는 역마차(stagecoach)가 주요 운송
수단이었다. 이후 철도가 생기자 운송회사들은 급성장했다. 각자 다
른 사업체를 운영하던 헨리 웰스, 윌리엄 파고, 존 워런 버터필드는
1850년 세 회사를 합병하기로 한다. 미국 전역에 급행 운송망을 구축
하겠다는 의미에서 '아메리칸 익스프레스'라는 간판을 달았다. 세 창
업자는 사업 초기 미국 뉴욕과 중서부 도시를 오가며 상품이나 귀중
품 등을 날라주는 일을 했다.

화물운송 회사가 금융업에 진출한 것은 19세기 미국 서부에서 불
어닥친 '골드 러시(gold rush)' 열풍이 발단이 되었다. 1858년부터 서
부 곳곳에서 금광이 발견되자 관련 사업 붐이 일었다. 세 명의 창업자
중 한 명인 윌리엄 파고가 사망한 후에 사장 자리를 물려받은 윌리엄
의 동생 조지 파고도 금광 개발에 뛰어들었다. 금광 개발 사업에서 돈
을 벌어들이자 그는 이 회사를 서부에서 본사가 있던 동부로 옮겨야
했다.

불편함이 만든 새로운 시대

송금 방법을 고민하던 조지 파고는 우편 사업을 시작했다. 아멕스가 시작한 첫 금융업무였다. 당시 우체국은 지금과 같은 송금 체계가 갖춰지지 않았던 과거의 주요 금융거래 창구였다. 돈을 송금하는 사람은 인근 우체국에 가서 환어음(발행자가 그 소지자에게 일정한 날짜에 일정한 금액을 지불할 것을 제3자에게 위탁하는 어음을 말한다)을 발행한다. 우체국은 실제 돈이 아닌 환어음을 송금자가 원하는 지역으로 배송한다. 환어음을 받은 사람이 우체국에서 이를 현금화하는 구조다. 전국적인 급속 운송망을 갖춘 아멕스는 환어음을 취급하기 유리한 구조를 갖추고 있었다. 지금으로 치면 금융거래에 적합한 플랫폼을 장악한 셈이다.

그러던 중 유럽 여행에 나선 조지 파고는 '신용장'을 사용하는 데 큰 불편함을 느꼈다. 신용장은 미국 은행에 있는 자신의 예금을 타국에서 인출할 수 있도록 은행에서 발급해주던 서류를 말한다. 해외에서 신용장을 사용하기 위해서는 본인 확인에 상당한 시간이 필요했다. 현지 은행들이 환율을 마음대로 정해 손해를 보는 일도 부지기수였다.

조지 파고는 여행에서 돌아와 이 같은 문제점을 해결할 '여행자 수표'를 처음으로 발행한다. 이 여행자 수표가 해외 신용카드의 시초로 불린다. 여행자 수표는 점차 사용량이 급증했다. 경제가 발달할수록 해외 여행객이 급증한 덕이다.

우편업에 이어 여행자 수표를 통해 금융플랫폼을 장악한 아멕스는 신용카드 시장에서도 두각을 나타낸다. 당시 미국인의 필수품이 된 신용카드의 시작은 1950년 저녁식사를 하고(dine) 현금 없이 결제하는 후불 시스템을 개발한 '다이너스클럽'이었지만, 아멕스는 자신들의 신용카드 역사를 170년이라고 주장한다. 운송플랫폼을 장악했던 이들이 환어음과 여행자 수표를 통해 금융 플랫폼으로 진화하는 과정에 대한 자부심으로 읽힌다.

'플랫폼 장악, 플랫폼의 확장, 사업 다각화'라는 아멕스의 기업 스토리가 우리가 갖고 싶어하는 '로마군 백인대장'이 그려진 아멕스 카드 안에 담겨 있다.

플랫폼의 힘은 하나의 사례에 국한되지 않는다. 오프라인에서 시작된 플랫폼 비즈니스가 온라인에서 꽃을 피우고 다시 오프라인 세상에 새로운 씨앗을 뿌리고 있는 것처럼 말이다.

플랫폼 공룡의 최종 꿈은?

넷스케이프 설립자인 마크 앤드리슨은 2011년 8월 20일 월스트리트저널(WSJ) 기고문에서 '소프트웨어가 세상을 잡아먹고 있다'고 강조했다. 소프트웨어 기업이 세계 경제의 초석이 될 것이란 그의 주장은 지난 10년간 정확히 맞아떨어졌다.

하지만 그의 주장은 현재 시점에선 반은 맞고, 반은 틀리다. 하드웨어로 사업 영역을 넓혀나가려 끊임없이 시도하고 있는 구글의 사례만 봐도 그렇다. 소프트웨어와 하드웨어, 온라인과 오프라인을 모두 점령한 토탈웨어, 토탈라인이 플랫폼 공룡들의 궁극적인 목표이기 때문이다.

플랫폼은 B2C(Business to Consumer)가 아닌 B2B(Business to Business) 시장에서도 통용된다. 첨단 IT(정보기술 업체)가 아니더라도 전 세계를 장악하는 플랫폼을 만들어내기도 한다. 공장 하나 없이 아웃소싱을 극대화한 사례도 있다. 플랫폼 비즈니스로 연매출 18조 원을 벌어들이던 홍콩 기업 리앤펑(Li&Fung)이 대표적이다.

'공장 하나 없이 20억 벌의 옷을 생산하는 기업' '세계 공장을 지휘하는 글로벌 객주' 포털사이트에 리앤펑을 검색하면 등장하는 수식어다. 리앤펑은 2013년 당시 적자에 허덕이던 국내 1위 소셜커머스 업체 쿠팡을 5천억 원에 인수한다는 추측이 퍼지면서 우리에게 이름을 알린 회사이기도 하다. (당시 쿠팡은 "의류 상품 소싱 관련해 실무진 미팅을 진행한 적이 있다"며 "쿠팡이 의류 상품 소싱을 위해 미팅했던 수많은 업체 중 하나일 뿐, 그 외 어떠한 사업적 논의도 없었으며 이 부분은 리앤펑 측에도 확인할 수 있다"고 적극 해명한 바 있다. 당시 해명자료에는 "연내 현 유한회사의 법인격 형태를 주식회사로 전환하고 미국 나스닥 시장을 목표로 기업공개를 추진하는 등 독자 행보를 이어가며 앞으로 더욱 공격적인 투자를 진행하면서 사업을 확장해나갈 예정"이란 설명도 덧붙였다. 인수설에 대한 해명은 사실이 아닌 것으로 판명났지만, 미국 상장은 2021년 3월이 되어서야 이뤄졌고 나스닥이 아닌 뉴욕거래소에 상장되었다.)

완벽한 아웃소싱 시스템을 갖춘 리앤펑은 글로벌 생산공장을 이끄는 오케스트라로 불릴 만큼 한때 급성장했다. 리앤펑의 한 사무실에서 직원들이 업무를 하고 있다.

출처: 리앤펑 홈페이지

리앤펑은 1906년 설립된 무역중개업체다. 장난감이나 원단, 의류, 액세서리 등을 다뤘다. 무역을 중개하는 일종의 플랫폼이었다. 자체 생산 대신 아웃소싱 시스템을 일찌감치 구축했다. '내 것을 만들어야 한다'는 제조업 붐이 일 때도 외주화를 고집했다. "공장을 갖고 있으면 협력업체와 경쟁관계에 놓이게 되고, 이는 원활한 협력관계를 구축하는 데 방해가 된다"는 철학 때문이다. 창업자 펑팍류의 손자인 빅터 펑 회장은 완벽한 아웃소싱 시스템을 구축하기 시작했다. 펑팍류는 미국 MIT와 하버드대를 나와 하버드 비즈니스 스쿨에서 경영학을 강의하고 있던 빅터 펑을 불러들였고, 그는 학교에서 배운 이론을 현장에 접목하기 시작했다.

'전산화'가 변화의 핵심이었다. 1990대 초 협력업체 네트워크를 관리하는 공급자관리(SRM·supplier relationship management) 시스템을 개발한 것이다. 물류와 재고를 관리하는 시스템을 도입해 비용도 확연히 줄였다. 100% 외주 체제로 완제품을 생산하는 방식을 위해 가장 싼 공장을 찾아내는 데 공을 들였다. 옷을 주문받으면 단추는 중국, 지퍼는 일본, 실은 파키스탄에서 조달해 방글라데시 협력업체 공장에서 봉제하는 식이다.

전 세계에 퍼진 공장을 하나로 연결해낸 플랫폼을 구축한 리앤펑은 1992년부터 2006년까지 연평균 22%(매출 기준)씩 성장하며 '글로벌 생산 공장을 이끄는 오케스트라 지휘자'라는 평가를 받게 된다. 완벽한 플랫폼의 구축과 이를 통솔할 수 있는 기술력, 수많은 협력사를 진두지휘할 수 있는 운영 방식까지 삼박자를 고루 갖춘 셈이다. (하지만 영원할 것 같던 리앤펑의 성장세는 새로운 플랫폼 기업들의 등장으로 주춤해진 상태다.)

아직 정복하지 못한 플랫폼

모두가 플랫폼을 이윤 창출의 도구로 활용하는 것은 아니다. 집단 지성의 결정체로 불리는 위키(Wiki)만 봐도 그렇다. 이용자들은 이곳을 맘껏 뛰놀 수 있는 운동장처럼 사용한다. 위키피디아, 나무위키 등에 모아진 지식은 누구에게든 공유된다. 과거 네이버 대표 서비스였던 '지식iN'이 이용자들의 궁금증을 1대 1로 해결해주는 장이었다면, 위키는 여럿의 지식을 플랫폼 안에 차곡차곡 쌓고 있다.

위키의 시작은 위키위키웹(WikiWikiWeb)이었다. 위키위키웹은 프로그래머인 워드 커닝햄이 아이디어 교환을 위해 1995년에 만든 협업 툴(tool)이다. '위키'는 하와이어로 '빨리(quickly)'를 뜻한다. 위키위키 웹은 매우 빠른 웹사이트란 의미다. 이름처럼 여러 사람이 쉽고 빠르게 정보를 정리하고 공유할 수 있도록 만들어졌으며 관련 정보를 쌓는 데이터베이스도 갖췄다. 전문가들은 위키위키웹을 '협업'과 '공유'가 갖춘 웹사이트라고 평가했다. 백과사전으로 불리는 위키피디아의 출발점이다. 한국학연구에 따르면 2002년 10월 개설된 국내 한국어 위키백과에 쌓여 있는 문서는 254만 4,516건에 달한다. 생겨난 지 6년 된 나무위키는 어느 새 332만 6,165건을 담고 있다.

위키피디아가 생긴 지 20년이 흘렀다. 우리에겐 모르는 것이 없는 만물박사로 각인되었고, 집단지성이 만들어낸 단순한 백과사전이 아닌 익명의 불특정 다수가 뛰어노는 플레이그라운드로 자리매김했다는 평가다. 누구나 지식을 공유할 자유가 주어진 대신 그 내용을 누구나 검증할 수 있고, 일정한 규칙을 따르도록 제한된 시스템이 갖춰져 있었기에 가능한 일이었다.

앞서 살펴본 것처럼 플랫폼은 기차가 생겨나기 시작한 19세기 우리 곁으로 다가왔고, 어쩌면 우리가 플랫폼이라 부르기 이전부터 존재했을지 모른다. 플랫폼은 때론 공급자와 소비자를 위한 중개상이었고, 기업과 기업을 잇는 매개체가 되었다. 플랫폼이라고 여기지 않았던 지식백과도 일종의 플랫폼이었다.

플랫폼 의미는 이처럼 광범위하다. 모든 게 플랫폼이 된 지금은 코에 걸면 코걸이, 귀에 걸면 귀걸이가 되었다. 플랫폼 세상에 살고 있지만 여전히 플랫폼을 정복하지 못했다는 얘기가 나오는 이유다. 지금 이 시점의 플랫폼의 진짜 의미는 무엇일까? 어떤 기업을 플랫폼 기업이라고 할 수 있을까?

넷플릭스는
플랫폼일까?

물론 모두가 살아남을 수 있는 것은 아니다. 앞으로 플랫폼을 나누는 기준은
살아남은 자와 그렇지 못한 자로 구분될 수 있다.
모든 플랫폼의 성공이 영원할 수도 없는 노릇이다.

승승장구하던 넷플릭스가 고민에 빠졌다. 2021년 2분기 증가한 글로벌 가입자 수는 154만 명으로, 역대 최저치를 기록했다. 코로나19 사태의 반사이익을 누리던 호시절이 끝나가고 있는 데다 후발주자들의 추격은 맹렬하다. 실제 넷플릭스를 맹추격하고 있는 디즈니플러스는 넷플릭스보다 8배가량 많은 2분기 신규 가입자(1,200만 명)를 확보했다. 미국 시장조사 업체 e마케터는 오는 2023년 디즈니플러스 회원 수가 넷플릭스를 넘어설 것이란 전망을 내놓기도 했다. 시장에선 최근 글로벌 OTT(over the top, 온라인동영상서비스) 사업자간 경쟁이 격화되면서 콘텐츠의 차별화 없이는 넷플릭스가 기존 시장에서 추가로 가입자를 확보하기 쉽지 않을 것이란 우려가 나오기 시작했다.

DVD대여점 사업에서 시작해 세계 1위 OTT 사업자로 올라선 넷

플릭스가 세간의 우려를 해소하기 위해 꺼내든 카드는 모바일 게임 사업이다. 기존 가입자들이 추가로 비용을 지불하지 않아도 넷플릭스 회원이라면 모바일을 통해 콘텐츠 시청은 물론 게임을 함께 즐기도록 하겠다는 전략이다. 이를 위해 게임사 일렉트로닉 아츠(EA)에서 심즈·스타워즈 등의 게임 시리즈 제작을 담당한 마이클 버듀를 영입하기도 했다.

업계에선 플랫폼업체로서의 넷플릭스의 색채가 옅어지고 있다고 평가하고 있다. 콘텐츠를 공급하는 플랫폼에서 콘텐츠를 직접 만드는 생산자로 영역을 확장하고 있어서다. 넷플릭스 역시 스스로를 더 이

| 넷플릭스의 진화 |

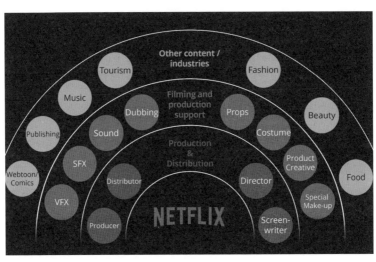

전 세계 2억 명의 가입자를 확보한 넷플릭스는 진화를 거듭하고 있다. 단순 콘텐츠 중개자를 넘어 콘텐츠 제작자로 영역이 확대되고 있다.

출처: 넷플릭스 홈페이지

상 플랫폼 기업으로 국한하지 않고 있다. [일부 플랫폼 전문가들은 애초에 넷플릭스를 플랫폼으로 규정하지 않았다. 누구나 진입(콘텐츠 제공)할 수 없고 자유롭게 소통하기 어렵다는 이유에서다.]

넷플릭스의 진화과정은 어찌 보면 당연하다. 전 세계 가입자 수는 2억 명을 넘어섰고, 그간 콘텐츠를 소비하던 케이블 채널을 해지하는 코드 커팅(유료방송 해지)은 급증하고 있다. 넷플릭스 콘텐츠에 대한 기대감은 점차 높아지고 있다. '독점' 콘텐츠를 직접 제작해 소비자들의 만족도를 높일 수밖에 없는 구조다.

넷플릭스는 콘텐츠 차별화를 위해 2013년 첫 오리지널 시리즈로 〈하우스 오브 카드〉를 공개했다. 이후 〈기묘한 이야기〉 〈종이의 집〉 〈킹덤〉 등의 자체 제작물을 선보였다. 가입자들의 구독료를 기반으로 하고 있는 만큼 대부분의 자체 콘텐츠는 시즌제로 구성했다. 2021년 하반기에도 〈종이의 집〉 〈버진 리버〉 〈네버 헤브 아이 에버〉 등 오리지널 콘텐츠가 새로운 시즌을 방영한다.

플랫폼은 '연결'이다

그렇다면 넷플릭스는 과연 플랫폼기업일까? 구글에 'platform'을 검색하면 21억 8천만 건의 검색 결과가 나온다. 플랫폼에 대한 정의도 수없이 다양하다. 좁은 의미에서 기차를 타고 내리는 곳을 뜻하는 말로 주로 쓰였다. 지금은 다양한 제품을 생산하거나 판매하기 위해 공통적으로 사용하는 기본구조, 상품거래나 응용프로그램을 개발할 수 있는 인프라 등을 의미한다.

다양한 용도에 공통으로 활용할 목적으로 설계된 유무형의 구조물(최병삼), 원자재를 사지 않고 원하는 사람들이 한데 뭉칠 수 있게 도와주는 것(데이비드 에반스), 생산자와 소비자로 구성되는 둘 이상의 사용자 집단 사이에서 가치 교환이 쉽게 이뤄지도록 도와주는 기업 모델(알렉스 모아제드), 외부 생산자와 소비자가 상호작용을 하면서 가치를 창출할 수 있게 해주는 것(마셜 밴 앨스타인) 등 전문가들이 내놓은 여러 해석도 있다.

이들의 공통적인 해석은 '연결'이다. 생산자와 소비자, 상품을 연결해주는 장인 셈이다. 과거 플랫폼이 상품과 생산자, 소비자 등을 연결하기 위한 선택적인 수단이었다면, 현재는 반드시 거쳐야 할 필수 연결고리로 거듭났다. 플랫폼 없는 세상을 상상할 수 없을 정도다.

수많은 배달음식과 식당 주인, 음식을 원하는 소비자를 연결시켜주는 배달의 민족도 마찬가지다. 쿠팡이츠 등의 대체재가 있긴 하지만 배달플랫폼 없이 음식과 디저트를 주문하는 일은 이제 어색한 일이 되었다. 간혹 전화주문이 빠를까 싶어 식당으로 바로 주문하면 바쁘니 배민으로 주문해달라는 핀잔이 돌아오는 경우도 있다. (물론 상당수 자영업자들은 수수료를 아끼기 위해 직접 주문을 권유하고 있다. 간혹 절절한 손편지 말미에 직접 가게로 전화주문을 하면 2천 원을 할인해주겠다는 포스트잇이 배달음식에 붙어 있는 일도 있다.)

플랫폼은 왜 주목받게 되었을까? 플랫폼 전략의 대가로 불리는 히

라노 아쓰시 칼은 플랫폼 전략이 주목받게 된 이유에 대해 '① 급속도로 발전하는 기술 ② 고객 요구의 다양화 ③ IT 발전으로 인한 네트워크 효과의 신속하면서도 광범위한 확대 ④ 디지털 컨버전스의 진화'를 꼽았다. 기술 혁신이 너무나 빠르게 진행되자 스스로 모든 것을 해결하기보다 다른 기업과 손을 잡는 것이 유리해진 시점에 플랫폼이 주목받게 되었다고 봤다. 고객의 요구가 다양해져 이를 혼자서 충족시키기 어려운 환경에 놓인 것도 영향을 미쳤다는 분석이다. 여러 기업들이 원활하게 교류할 수 있는 기술적 토대도 플랫폼의 시대를 앞당겼다.

경계가 사라진 플랫폼, 생존만이 살길

플랫폼이라고 해서 다 같은 플랫폼은 아니다. 쓰이는 목적과 역할에 따라 다양하게 나뉜다. 삼성경제연구소는 플랫폼을 제품플랫폼, 고객플랫폼, 거래플랫폼으로 구분했다. 앞서 소개한 리앤펑과 같은 경우가 제품플랫폼에 해당한다. 최종 제품을 완성하기 위한 역할을 하는 플랫폼이다. 삼성경제연구소는 제품플랫폼의 활용목적을 '비용 절감'으로 꼽았다. 거래플랫폼은 우리에게 익숙한 플랫폼이다. 당근마켓이 대표적인 사례다. 중고거래를 위한 연결의 장을 마련해놓자 그 안에서 고객들끼리 활발한 거래가 이뤄지고 있다. 판매자들은 각자 자신의 물건을 올려놓고 구매자들과 직접 거래한다. 플랫폼을 이용하는 수수료는 없다. 현재까진 플랫폼의 역할에 충실한 모습이다.

(당근마켓은 수익의 대부분을 광고 매출로 거두고 있다. 앱에 방문하는 이들이 늘어날수록 광고 단가가 올라가는 구조다. 향후엔 늘어난 고객을 바탕으로 각종 동네 정보를 활용해 수익을 올리겠다는 입장이다.)

어떤 이들은 광고, 클라우드, 산업, 제품, 공유경제 등으로 플랫폼의 유형을 나누고 있다. 구글, 페이스북, 네이버처럼 수익원이 광고인 플랫폼과, 우버, 에어비앤비, 카카오택시, 배달의 민족 등과 같은 공유경제 플랫폼으로 이들을 분류했다.

시간이 지날수록 학술적인 분류가 무의미해질 것이란 의견도 있다. 그간 플랫폼 기업들은 파괴적 혁신을 거듭해왔다. 이 과정에서 일어난 혁신들은 놀라우리만큼 많은 것들을 바꿔놓았다. 미국 경제학자 그레고리 맨큐는 "이 같은 혁신과 진보 덕분에 오늘날 평균적인 미국인은 100년 전 미국 최고 부자인 록펠러보다 더 부자가 되었다"고 평가했다. 혁신의 결과가 경제적으로나 우리가 처한 환경을 삽시간에 발전시켰다는 얘기다.

다만 파괴가 거듭될수록 발생되는 파편이 작아졌다. 파괴할 것이 마땅히 남지 않은 상태일지도 모른다. 점진적 혁신의 단계로 접어들었다는 분석이 나오는 것도 이 때문이다. 기존의 시장 질서를 파괴하고 새로운 시장을 창출해온 파괴적 혁신에서 기존에 있던 것을 조금씩 혁신하고 개선해 성과를 높이는 기업들이 두각을 나타나는 시대로 바뀐 셈이다. 플랫폼 비즈니스도 마찬가지다. 기존의 틀을 파괴할 수 있는 아이템들이 소멸되다 보니 몸집이 커진 플랫폼기업들은 곳곳에서 경쟁자로 마주하고 있다. 플랫폼을 구분하는 일이 의미가 없는 일이 될 수 있다는 관측에 힘이 실리는 이유다.

물론 모두가 살아남을 수 있는 것은 아니다. 앞으로 플랫폼을 나누는 기준은 살아남은 자와 그렇지 못한 자로 구분될 수 있다. 리앤펑이 내리막길을 걷듯 모든 플랫폼의 성공이 영원할 수도 없는 노릇이다. 한때 영광을 누렸으나 구글과 페이스북에 밀려난 야후, 마이스페이스와 같은 처지가 얼마든지 될 수 있다.

닷컴시대 주역이었던 야후는 2016년에 인터넷 사업을 미국 최대 통신업체 버라이즌에 매각하며 사실상 역사 속으로 사라졌다. 검색, 뉴스, 이메일, 쇼핑 등 지금의 포털사이트의 모습을 갖춘 슈퍼스타의 불명예 퇴진이었다.

야후는 특히 한때 검색 플랫폼의 선구자이자 최강자로 불렸다. 전 세계 검색 시장의 절반을 차지했던 야후의 몰락은 시장에 적지 않은 충격을 줬다. 주당 475달러까지 치솟았던 야후 주가는 2년이 채 되지도 않아 8.11달러까지 고꾸라졌다. 경영진 교체와 같은 살기 위한 몸부림도 통하지 않았다. 결국 회사 가치가 정점에 달했던 시절 시가총액의 4%에 불과한 금액(48억 달러)에 팔렸다. 혁신적인 기술을 앞세운 구글의 혜성과 같은 등장이 원인이었다. 검색엔진의 기술력에서 승패가 갈렸다. 검색 매커니즘에 집중 투자한 구글과 달리 광고로 도배된 유료 검색사이트로 전락한 야후는 소비자들에게 외면당했다.

미국에서 가장 성공한 SNS로 불리던 마이스페이스도 유사한 몰락의 길을 걸었다. 야후를 삼킨 구글처럼 마이스페이스를 끌어내린 것은 페이스북이었다. 자만과 욕심, 혁신의 차이가 운명을 갈랐다.

진화하는 게임체인저,
연결의 대상이 바뀌다

플랫폼 기업이 세상을 주름잡아온 것처럼 이런 기조는 계속 유지될 것이다.
플랫폼의 태동기와 성숙단계를 지나 플랫폼이 일상이 된 시대가
계속될 것이라는 게 전문가들의 공통된 주장이다.

"소셜미디어가 과거 사람들을 연결하는 데 개척자 역할을 했듯 앞으론 메타버스가 그렇게 될 것입니다. 이제부터 우리는 페이스북이 아닌 메타버스 우선 기업입니다."

마크 저커버그 페이스북 창업자 겸 최고경영자의 말이다. 페이스북이 사명을 바꾸며 제2의 창업에 나섰다. 새로운 회사 이름은 '메타(Meta)'. 가상세계와 현실세계를 연결시키겠다는 의도다. 2021년 10월, 제2의 창업에 나선 셈이다.

기업의 본질은 달라지지 않았다. 수많은 이용자들을 소셜네트워크서비스(SNS)로 이어주는 플랫폼이 페이스북이었다면, 메타는 가상세계 플랫폼이다.

저커버그는 "데스크톱에서 웹과 전화로, 텍스트에서 사진과 비디

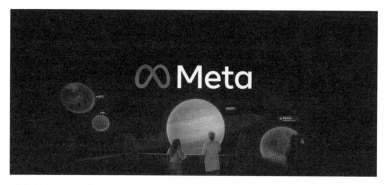

페이스북은 메타로 사명을 바꾸고 메타버스 사업에 본격 뛰어들었다. 페이스북 창업자 마크 저커버그는 제2의 창업에 나서며 메타버스가 인터넷의 등장과 맞먹는 파괴력을 지닐 것이라고 확신했다.

출처: 페이스북 홈페이지

오로 진화해 왔지만 이것이 끝이 아니다"라며 "메타버스가 모바일 인터넷의 후계자가 될 것"이라고 밝혔다. '손안의 컴퓨터'로 불리는 모바일의 시대가 열리면서 많은 것들이 변화했듯 메타버스가 또 한 번 시장의 색깔을 바꿀 것으로 전망한 셈이다.

세계 인구의 절반이 사용하는 거대 플랫폼인 페이스북은 연결의 대상과 방식을 탈바꿈했다. SNS만으로는 성장성이 한계에 부딪힌 것이 결정적이었다.

플랫폼은 살아 있는 생물과 같다. 생존을 위해서라면 얼마든지 자신의 모습을 바꿀 수 있다. 플랫폼 기업은 어떤 형태를 갖고 있느냐가 아니라 어떤 것을 연결하느냐가 중요하기 때문이다.

세상의 모든 것을 연결하다

플랫폼이 연결하는 세상은 무궁무진하다. 상품과 소비자를 연결하는 아마존, 알리바바, 쿠팡과 같은 커머스 기반의 플랫폼부터 숙박, 배달 등의 서비스를 연결해주는 서비스 기반 플랫폼이 있다. 넷플릭스, 네이버와 카카오처럼 콘텐츠도 플랫폼이 연결하는 하나의 카테고리에 속한다. 플랫폼과 연결된 팬더스트리 산업(팬+인더스트리)의 대표주자인 디어유는 아티스트와 팬들을 연결시켜주는 새로운 플랫폼으로 떠오르고 있다. (디어유에 대한 자세한 내용은 이후에 더 자세히 다룬다.) 상품, 서비스, 콘텐츠 등 세상의 모든 것과 연결시키기 위해 전방위적으로 사업을 확장하고 있는 플랫폼 공룡들도 있다.

가장 먼저 시작된 것이 상품과 사람을 연결해주는 플랫폼이다. 과거엔 누군가의 연결이 필요치 않았다. 오프라인을 통해 대부분의 거래가 이뤄졌기 때문이다. 내 눈으로 직접 보고, 내 손으로 직접 만져본 후 물건을 샀다. 플랫폼의 의미를 기차를 타고 내리는 승강장 정도로 생각하던 시절의 얘기다.

온라인 시대가 열리면서 전자상거래 시장이 본격화하자 플랫폼이 조금씩 힘을 발휘하기 시작했다. 자신들의 생산품이 아닌 여러 생산자들이 만든 것들을 소비자와 연결시켜주는 온라인장터인 셈이었다.

1990년대 후반 전자상거래 시장이 본격적으로 커졌다. 각 분석기관들은 이 시장이 얼마나 커질지 앞다투어 전망을 내놨다. 야후의 창립자였던 제리 양은 1998년 당시 "세계 인터넷 사용 인구는 1억 명으로 늘어나고 전자상거래시장은 115억 달러를 넘어설 것"이라며 전자상거래 시장을 미래 핵심먹거리로 꼽았다. 우리 정부도 연일 회의를 열고 인터넷 전자상거래 활성화대책 마련에 나섰다.

인터넷을 통한 전자상거래는 이처럼 거스를 수 없는 물결이었다. e커머스 시장을 이끄는 대형 플랫폼 공룡은 지금도 업계를 주도하고 있다. 아마존(미국), 쿠팡(한국), 씨(동남아), 메르카도리브레(남미) 등이 대표적인 기업들이다. 최근에는 당근마켓, 네이버, 크림 등 중고 물품을 거래하는 플랫폼까지 등장하며 그 영역이 확대되고 있다.

시간이 흐르자 플랫폼을 통해 콘텐츠를 연결하기 시작했다. 특히 애플의 아이튠즈는 음반 시장의 판도를 바꿔놓았다. 불법 다운로드가 횡행하던 시절 정당한 대가를 지불하고 콘텐츠를 소비하는 시대를 연 것이다. 창작자와 소비자를 훌륭하게 연결해냈다. 출시 3년 만에 10억 곡 판매고를 올린 아이튠즈에 대해 당시 스티브 잡스는 "이 기록은 세계적으로 합법적인 음악 판매 방식이 정착되는 것이 음악 불법 다운로드를 방지하는 길임을 알게 해줬으며, 이제 CD 판매에서 인터넷으로 음악 유통의 미래가 변화되고 있다는 것을 방증하는 것"이라고 언급했다.

K-콘텐츠의 저력을 또다시 보여준 〈오징어게임〉을 탄생시킨 넷플릭스 역시 영상 소비 패턴을 바꿔놨다. 그간 영상 콘텐츠를 주로 소비하던 TV 케이블 채널을 해지하는 코드 커팅(유료방송 해지) 현상이 전 세계에서 동시다발적으로 일어나고 있는 것만으로도 그 힘을 체감할 수 있다. 지금도 여전히 한 분기에만 유료가입자가 수백만 명씩 증가

K-콘텐츠의 힘을 다시 한 번 입증한 〈오징어게임〉의 한 장면. 넷플릭스를 통해 공개된 〈오징어게임〉은 전 세계 시청자들을 사로잡으며 1위에 올랐다.

출처: 넷플릭스 홈페이지

하고 있다. 비디오테이프를 대여해주던 넷플릭스의 변신보다 놀라운 것은 3만 5천 시간에 달하는 콘텐츠와 190여 개 국의 2억 명 가입자를 서로 연결시켰다는 점이다. 콘텐츠를 많이 사들여 쌓아놓고, 일정한 대가를 받고 콘텐츠를 무제한으로 공급해주는 아주 단순한 비즈니스 모델이지만 연결의 힘은 상상 이상으로 강력하다.

콘텐츠 기업으로 진화하고 있는 네이버와 카카오 역시 강력한 콘텐츠 플랫폼이다. 카카오의 픽코마(카카오재팬)는 일본 웹툰 시장을 장악하고 있다. 글로벌 앱 데이터 분석 업체 앱애니에 따르면 픽코마는 2021년 2분기 구글 플레이스토어, 애플 앱스토어 등에서 1억 2천만

| 숙박 패러다임을 바꾼 에어비앤비 |

공유서비스 시장을 대표하는 에어비앤비는 빈방과 숙소를 원하는 이들에게 집도 공유할 수 있다는 인식을 심어줬다는 평가를 받는다. 에어비앤비는 '공기 침대와 아침(air bed and breakfast)'이란 뜻으로 지어졌다.

출처: 에어비앤비

달러의 매출을 기록했다. 영상물이 웹툰과 웹소설로 대체되었을 뿐 사업의 원리는 별반 다르지 않다.

서비스 플랫폼도 갈수록 다양해지고 있다. 에어비앤비는 '공유 서비스' 시장을 대표하는 플랫폼이다. '공기 침대와 아침(air bed and breakfast)'이란 뜻으로 지어진 에어비앤비는 공기를 불어넣어 쓰는 튜브침대처럼 언제든 묵을 수 있는 잠자리와 아침식사를 제공하며, 빈방과 숙소를 원하는 이들은 에어비앤비를 통해 집도 공유할 수 있다는 인식을 심어줬다. '21세기 첨단 지라시'를 표방했던 배달 플랫폼 배달의 민족부터, 모텔 중개업체로 출발한 여행·숙박앱 야놀자, 송금

서비스에서 종합 디지털 금융 플랫폼으로 발전한 토스까지 플랫폼을 통해 중계되는 서비스는 점차 세분화되고 있다.

방식도 진화한다, "우리 동네 사람만 오세요"

플랫폼의 연결 방식도 갈수록 진화하고 있다. 과거 플랫폼은 단순 연결 기능에 국한되었다. 인터넷과 IT기술을 통해 중개플랫폼을 구축하고, 결제가 이뤄지는 안정적인 시스템을 갖추는 것이 급선무였다. 사업 초기 여러 차례 먹통 사태를 겪었던 카카오톡처럼 불안정한 시스템을 안정화시켜야만 고객들을 플랫폼 안에 잡아둘 수 있었다. 고객들의 불편을 최소화하는 방향으로 플랫폼 기술이 진화한 이유다.

안정적인 시스템을 갖추자 플랫폼 기업들은 다양한 연결 방식을 고민하기 시작했다. 카카오는 카카오톡 이용자를 기반으로 하는 여러 파생서비스를 구축해나갔다. 최대한 카카오톡 이용자들이 이질감을 느끼지 않도록 서비스를 개발하는 것이 목표였다. 당근마켓의 경우 동네 주민이라는 제한된 지역기반 플랫폼 방식을 택했다. 거래가 가능한 거리를 자전거로 이동할 수 있는 만큼(최대 6km)으로 제한하며 차별화를 꾀했다.

음성기반 SNS 플랫폼 클럽하우스는 초대장을 받은 인원에게만 문을 개방하는 폐쇄적인 참여 방식을 택해 화제가 되었다. 최근 들어 인기가 사그라들었지만 한때 중고거래 사이트에서 초대장이 거래될 만큼 인기를 끌었다. 치열해진 플랫폼 시장에서 차별화는 중요한 요소다. 중고거래, 웹툰 등 타깃 고객이 명확해야 수많은 플랫폼 가운데 그곳을 선택하기 때문이다.

플랫폼의 연결 방식과 연결 대상이 어떤 식으로 진화할 것인가에 대해 쉽사리 예견하기 어렵다. 전문가들 중에서도 메타로 사명을 바꾼 페이스북의 사례처럼 앞으로 펼쳐질 메타버스 세상을 테마로 한 플랫폼이 우후죽순 생겨날 것이란 예측 외에는 속 시원하게 미래를 예측하는 이들이 나타나지 않고 있다.

하지만 플랫폼 기업이 세상을 주름잡아온 것처럼 이런 기조가 한동안 유지될 것이란 것에 대해선 대부분의 전문가들이 동의하고 있다. 플랫폼의 태동기와 성숙단계를 지나 플랫폼이 일상이 된 시대가 계속될 것이란 설명이다. 다만 경계해야 할 것이 있다. '닷컴버블'처럼 플랫폼 거품 논란이 일각에서 꾸준히 제기되고 있다는 것이다. 과연 플랫폼 버블은 어떤 수준일까?

섣불리 플랫폼버블이라
부를 수 없는 이유

닷컴버블이 실적과 실체가 없는 버블의 붕괴였다면,
현재 플랫폼기업들은 실적과 실체가 존재한다, 플랫폼버블이라 부를 수 없는 이유다.
지나친 낙관론은 경계하되 과도한 버블 공포에 휩싸일 필요는 없다.

2021년 10월 15일, 테슬라가 주당 1천 달러를 돌파했다. 미국 자동차업체로는 GM(제너럴모터스) 이후 54년 만에 뉴욕 증시에 상장한 테슬라 주가는 첫날(2010년 6월 29일) 23.89달러였다. 천슬라(1천 달러+테슬라)로 등극한 테슬라는 '시가총액 1조 달러 클럽'에 이름을 올렸다. 시총 1조 달러를 넘어선 기업은 지금까지 애플, 구글, 마이크로소프트, 알파벳, 페이스북 등 미국 빅테크 기업들뿐이었다. 외신에선 "테슬라가 시총 1조 달러인 엘리트 클럽에 가입한 최초의 자동차 회사가 되었다"는 보도가 쏟아졌다. 실제 테슬라 시총은 도요타, 폭스바겐, 비야디(BYD), 다임러, 제너럴모터스(GM), 창청자동차, 웨이라이(NIO), BMW, 포드 등 9개 자동차 업체의 시총을 합한 것보다 많았다.

| 꿈의 주식이 된 테슬라 주가그래프 |

1,137.06 USD

+1,097.73 (2,791.08%) ↑지난 5년간

나스닥: 테슬라

| 1D | 5D | 1M | 6M | YTD | 1Y | <u>5Y</u> | Max |

주당 1천 달러를 돌파한 테슬라는 투자자들에게 '천슬라(1천 달러+테슬라)'로 불린다. 뉴욕 증시에 상장한 첫날(2010년 6월 29일) 테슬라 주가는 23.89달러였다.

출처: 구글

    테슬라는 상장 첫날부터 버블 논쟁에 휩싸였다. 공모가(17달러)를 크게 웃도는 주가를 상장 첫날 기록하자, 2003년 설립 후 7년째 적자를 기록하고 있던 테슬라에 대한 의구심은 더욱 커졌다. "옛 IT버블에 대한 환상과 몰락한 자동차제국을 전기차로 재건하고자 하는 미국인들의 바람이 반영되었다"거나 "재정적으로 문제가 많은 회사이기 때문에 금방 지금의 도취감은 곧 사라질 것"이란 비난이 쏟아졌다.

    그로부터 11년이 흐른 후 플랫폼으로서의 가치를 인정받으며 당당히 '천슬라'로 올라섰지만 시장의 우려는 여전했다. 자산운용사 번스타인은 테슬라의 12개월 목표 주가를 300달러로 제시했다. 현재 주가에서 70% 이상 주가가 하락할 것이란 얘기였다. 번스타인은 테슬라가 현재 판매하고 있는 모델이 4개에 불과하다며 향후 성장성에 의문을 제기했다. 블룸버그는 테슬라의 현재 주가는 올해 예상 수익에 기반한 적정 주가의 178배에 달한다고 보도하기도 했다.

버블의 악몽을 떠올리다

버블의 악몽은 아주 오래 전에도 우릴 괴롭혔다. 대표적인 버블은 튤립 버블과 철도 버블이다.

1630년대 네덜란드는 튤립 버블에 골머리를 앓아야 했다. 터키에서 유럽으로 처음 전해진 튤립은 이국적인 아름다움 때문에 부유층에게 큰 인기를 끌었다. 튤립에 황제·총독·제독·영주·대장 등의 별칭이 붙기도 했다. 당시 최고가의 '황제' 튤립은 돼지 8마리, 황소 4마리, 양 12마리, 밀 24t, 치즈 450kg, 옷감 108kg을 다 사고도 남을 돈이었다고 한다. 튤립의 아름다움을 느끼는 것은 부유층만이 아니었다. 튤립의 인기는 중산층으로 퍼져갔고 네덜란드 주요 도시마다 튤립 거래소가 생겼다. 한 달 새 튤립 가격이 20배나 뛰어 올랐다. 천정부지로 가격이 치솟자 서민들을 빚투(빚내서 투자)에 나섰다. 물론 튤립 가격 버블이 꺼지며 무리하게 투자에 나섰던 이들은 파국으로 내몰렸다.

1873년 철도 버블은 여러 국가를 공황에 빠뜨렸다. 철도 건설에 대한 과도한 투자가 각국 경제에 연쇄 충격을 줬다.

버블은 언제 알 수 있을까?

'버블은 꺼진 후에야 버블임을 알 수 있다'고 했다. 현재 테슬라의 상태가 버블의 정점인지, 커져가는 풍선의 중간 정도의 모습인지 아무도 예측할 수 없다. 하지만 두려움은 남아 있다.

닷컴버블이 꺼진 충격에 닷컴 기술주들이 집중적으로 상장되어 있는 미국 나스닥지수는 2000년 3월 고점(5048.62)을 찍은 후 2년 7개월 만에 1114.11까지 추락했던 경험이 있기 때문이다. 2000년 한 해에만 130개 이상의 미국 닷컴 기업이 문을 닫았고, 1만 명이 일자리를 잃었을 정도였다. 국내 증시도 예외는 아니었다. 코스닥지수는 2000년 말 연중 고점 대비 5분 1 수준으로 폭락했다. 구글, 아마존 등 일부 기업들을 제외하곤 닷컴 시대를 주름잡았던 기업들 다수가 역사 속으로 사라졌다. 새롬기술 등 국내 인터넷 시대를 대표했던 기업들도 마찬가지다. 경쟁사회에서 모두가 살아남을 수 없다는 것은 어쩌면 당연한 이치지만, 거센 물결에 올라타려던 기업들이 급변한 파도에 대비할 틈도 없이 사라져버렸기에 그 잔상은 강렬할 수밖에 없다.

테슬라의 고점 논란 이전에도 버블에 대한 공포는 수시로 불거졌다. 핀테크(Finace+Tech) 역시 새로운 트렌드로 자리매김할 때도 그랬다. 2014년 CNBC가 꼽은 50개의 혁신 스타트업 가운데 25%가 핀테크업체에 달할 정도로 열풍이 거셌다. 일부 전문가들은 핀테크 시장에 닷컴버블의 유령이 드리우고 있다는 부정적인 견해를 내기 시작했다.

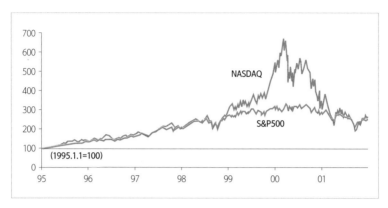

| 닷컴버블 당시 급락한 나스닥 |

미국 뉴욕 증시 가운데 나스닥엔 전 세계 대표 기술주들이 몰려 있다. 닷컴버블이 붕괴되기 전 수직 상승했던 나스닥지수는 버블이 꺼지며 급락했다.

출처: 블룸버그, 신한금융투자

페이스북(현 메타)이 나스닥에 뛰어들었을 때도 마찬가지였다. 창업 후 8년 만에 상장한 페이스북은 주당 38달러로 출발했다. 페이스북의 당시 IPO(기업공개) 규모는 미국 역사상 두 번째, IT기업 가운데선 최대였다. 하지만 기대와 달리 상장 이후 주가가 한동안 내리막길을 걸었다. 이로 인해 실패한 IPO라는 오명을 썼고, IPO 시장은 얼어붙었다. 페이스북과 같은 플랫폼은 고평가 논란에 휩싸이기 쉽다.

FAANG(페이스북·애플·아마존·넷플릭스·구글)도 고PER(주가수익비율)라는 지적을 수없이 받아왔다. PER는 현재 주가가 적정한지를 살펴보는 지표다. 기업의 순이익을 한 주의 가격으로 나눠 실제 해당 기업이 내는 실적 대비 주가가 고평가되고 있진 않은지를 보여주는 셈이다. 전문가들은 이를 기준으로 '현재 PER가 닷컴버블 수준을 넘어섰다'와 같은 비교를 하곤 한다. 닷컴버블 당시 코스피의 12개월 선행 PER는 20배 수준이었다. 블룸버그에 따르면 나스닥100 지수의 PER 는 같은 시기 90배까지 치솟기도 했다.

튤립의 인기도, 철도시대의 개막도 인터넷의 출현도 모두 버블을 낳았다. 『애프터버블』의 저자인 일본 경제학자 오바다 세키는 "사람들은 거품인 줄 알면서 뛰어든다"고 했다. 그러면서 "버블 다음에 버블이 오고, 버블이 붕괴하면 이를 구제하기 위해 버블이 만들어진다"고 주장했다. 버블이 터지면 쪼그라들 수밖에 없고, 쪼그라든 것을 원래대로 되돌리면 다시 부풀릴 수밖에 없다는 설명이다.

아라마의 법칙

아직까지 플랫폼의 질주가 버블 수준이라는 근거는 충분치 않다. 튤립 혹은 닷컴기업처럼 걷잡을 수 없는 속도로 무분별한 확장이 이뤄지고 있는 것도 아니다. 닷컴기업들이 부족한 자본과 무분별한 투자로 인해 몰락했다면 우리 주변의 플랫폼 기업들은 이미 든든한 실탄과 탄탄한 재무구조를 갖춘 곳이 훨씬 많다.

중요한 것은 방향성이다. '아라마의 법칙(Amara's Law)'이 이를 이해하는 데 도움이 될 수 있다. 미국 과학자 로이 아마라는 "단기적으로 기술에 대한 효과를 과대평가하고, 장기적으로는 그 효과를 과소평가하는 경향이 있다"고 봤다. 전문가들은 '주식시장에 기술혁명 시기에 과열과 버블이 발생되는 이유'를 이 아라마 법칙을 통해 설명한다. 새로운 기술이나 트렌드의 등장에 대해 시장은 과하게 먼저 점수를 몰아주는 경향을 보인다는 얘기다. 기존에 없던 무언가가 등장할 때 버블 논란이 생기는 것은 어찌 보면 지극히 정상적인 모습인 셈이다. 우리가 기술 변화의 속도를 예상하는 것은 불가능에 가깝다. 그렇다면 그 버블이 부풀어 오르는 방향성을 보며 폭발 여부를 가늠할 수밖에 없다. 다시 온전한 모습을 되찾아가며 둥글게 부풀어 오르는 것인지, 뾰족한 바늘이 노려보고 있는 잘못된 방향으로 빠르게 부풀어 오르는 것인지를.

지난 닷컴버블이 실적과 실체가 없는 버블의 붕괴였다면, 현재 플랫폼기업들은 실적과 실체가 존재한다. 섣불리 플랫폼버블이라 부를 수 없는 이유다. 한 애널리스트는 말했다. "꿈에는 버블이 없다. 그 꿈에 대한 시장의 평가가 있을 뿐이다. 그 평가가 과대했다면, 그리고 그것을 시장이 인지하고 하락하기 시작했다면, 그 이전의 현상을 버블이라는 이름으로 표현하게 되는 것이다." 지나친 낙관론은 경계하되 과도한 버블 공포에 휩싸일 필요는 없다는 조언이 아닐까. 터지기 전까지는 버블이 아닐 테니.

테슬라가 시가총액 1조 달러, 주당 1천 달러 고지에 올라섰다. 시장은 테슬라를 전기차 회사로만 평가하지 않는다. 차세대 전기차 플랫폼이자 로봇, 우주를 아우르는 모빌리티 플랫폼으로 진화하고 있어서다. '물류 공룡' 아마존은 전자상거래 플랫폼을 넘어 테슬라와 '우주 전쟁' 중이다. 중국에서 날아오른 배트(BAT·바이두, 알리바바, 텐센트)맨들의 추격도 거세다. 이들의 미래 모습을 상상하는 일은 무엇보다 즐겁다. 상상이 곧 현실이 되어 왔으니 말이다.

2장

상상은
끝이 없다

스티브 잡스 VS
빌 게이츠

두 회사의 전쟁은 다양한 플랫폼을 활용하며 진행중이다.
제품을 통해 고객들의 마음을 훔친 애플과 클라우드를 통해
기업들의 데이터를 틀어쥔 마이크로소프트 중 누가 마지막에 웃게 될까?

혁신의 아이콘 '애플' 그것을 탄생시킨 '스티브 잡스'. 그를 통해 애플이 어떻게 시장에서 플랫폼 기업으로 평가받는지 그간의 스토리를 새롭게 바라보고 싶었다. 잊고 있던 그의 지난 행적을 하나씩 되짚어 보면서 말이다. 그에겐 어떤 일들이 벌어졌을까?

"내가 하는 말 잘 들어 빌, 그 두껍고 가식적인 안경 뒤에 본모습 숨겨봐야 소용없어, 넌 그저 상상력 부족한 명청한 범죄자야, 도둑놈이라고. 우리 소프트웨어 훔친 거 법정에서 증명할 거야, 그리고 고소해서 빈털터리로 만들어버리겠어! 내 인생을 걸고 맹세컨대 네가 앞으로 절대 이런 짓 못하게 다 뺏어버릴 거야!"

애플의 창업자 스티브 잡스를 다룬 영화 '잡스'에 나오는 애쉬튼 커쳐(스티브 잡스 역)의 대사다. 분노한 스티브 잡스는 빌 게이츠에게 직

| 잡스와 빌게이츠 |

2007년 미국에서 열린 한 행사에서 만난 스티브 잡스 애플 창업자(왼쪽)와 빌 게이츠 MS 창업자의 모습. 한 시대를 풍미한 두 천재는 오랜 싸움을 벌였다.

출처: 위키피디아

접 전화를 걸어 이 같은 말을 퍼붓는다. 자신들이 만든 GUI(Graphical User Interface)를 마이크로소프트의 윈도우가 베꼈다고 여겼기 때문이다.

각기 다른 방식으로 세상을 바꾼 두 천재는 늘 비교 대상이었다. 1980년대 개인용 컴퓨터 서비스를 두고 소송전을 펼친 이 둘은 앙숙이 되었다. 스티브 잡스가 세상을 떠나던 2011년까지도 둘의 관계는 온전히 회복되지 않았다.

싸움의 발단은 스티브 잡스의 창의성에서 비롯되었다. 애플이 선보인 개인용 컴퓨터 매킨토시는 혁명에 가까웠다. DOS를 기반으로 검은 화면에 녹색 글자가 뒤덮여 있던 기존 컴퓨터와 달리 매킨토시는 화면에 있는 아이콘을 마우스로 누르도록 했다. 키보드 중심의 입력체계를 마우스로 옮겨간 셈이다. 지금은 당연한 기술이지만 당시엔 신기술이 적용된 컴퓨터였기에 가격은 높을 수밖에 없었다. 매킨토시가 세상을 놀라게 한 기술을 발표하고도 성공하지 못한 이유다.

매킨토시에 들어가는 소프트웨어를 만들어 납품한 사람이 빌 게이츠다. 이를 기반으로 마이크로소프트의 윈도 운영체계가 만들어졌다. 이것이 두 사람의 갈등이 시작된 지점이다. 스티브 잡스는 마이크로소프트가 자신들의 원천 기술을 도용했다고 봤다. 이들의 법정 공방은 7년간 이어졌다(결국 소송에서 애플이 패소했다).

두 천재는 손을 잡아야 할 땐 협업을 서슴지 않았다. 스티브 잡스를 두고 저널리스트 제프리 영은 "그의 대단한 점은 약점을 극복하기 위해서라면 적과도 손을 잡는다는 것"이라며 "적과 손을 잡아서라도 자신이 원하는 바를 이뤄낸다"고 평가했다.

실제 스티브 잡스는 1997년 "애플과 마이크로소프트가 다투는 시대는 끝났다"며 "애플이 승리하려면 마이크로소프트가 패배해야 한다는 관념을 극복해야 한다"고 밝혀 시장을 놀라게 했다. 그러고는 말했다. "특별히 마이크로소프트가 매킨토시를 잘 모방한 것이 아니라, 10년이라는 기간 동안 매킨토시가 모방하기 좋은 먹잇감이었던 것은 애플의 문제"라고 말이다. 빌 게이츠는 2007년 월스트리트저널이 주관한 공개 대담 프로그램에서 한무대에 섰다. 빌 게이츠는 스티브 잡스의 '사람과 제품에 대한 본능적인 감각'을, 잡스는 게이츠의 '협업 방식'을 칭찬했다.

잡스, "창조성은 무언가를 연결하는 것"

첫 단추가 잘못 끼워졌지만 1955년생 동갑내기 두 사람은 서로 다른 플랫폼을 장악하며 미래로 향했다. 애플은 스마트폰을, 마이크로소프트는 소프트웨어와 클라우드에 역량을 집중했다.

이 가운데 애플은 데스크톱 시장을 과감히 포기하는 대신 아이팟, 아이폰, 아이패드를 선보이며 새로운 혁신의 길로 접어들었다. 소비자들은 그런 애플과 함께 하나의 제품을 넘어 자신의 정체성을 드러내는 혁신을 소비해왔다. 하지만 애플을 제조업체로 보는 이들은 드물다. 애플에 대해 삼성전자보다는 구글에 가깝다고 여기는 사람들이 되레 많다. 전 세계 시가총액 1위(2,732조 원, 2021년 10월 기준) 자리를 지키고 있는 이유 역시 단순히 아이폰을 만드는 회사이기 때문만은 아니다.

실제 스티브 잡스는 그가 중시해온 창조성은 '무언가를 연결하는 것'이라고 정의내렸다. 애플이 플랫폼기업으로 평가받고 있는 데는 이 같은 인식이 회사 전반에 깔려 있었기 때문은 아닐까? "창조성이란 무엇인가를 연결하는 것에 불과하다. 창조를 담당하는 사람은 실제로는 아무것도 하지 않는다. 과거의 경험을 연결해 새로운 것을 통합할 수 있기 때문이다."

스티브 잡스가 말한 "점과 점을 연결한다"는 것도 같은 맥락에서 해석된다. 애플은 점으로 이뤄진 각자의 과거의 경험을 연결해 새로운 것을 창조해내는 새 시대의 플랫폼이었던 셈이다. 그런 면에서 애플은 고객들의 마음을 훔치기 위해 플랫폼 전략을 추구해왔다고 볼 수 있다.

아이팟과 아이튠즈의 결합이 대표적이다. 스티브 잡스는 아이팟을 통해 워크맨, CD플레이어와 다른 무언가를 만들어냈다. 399달러라는 비싼 아이팟 비용에 술렁이는 이들에게 그가 "아이팟보다 비싼 운동화"도 있다고 일축한 일화는 잘 알려져 있다. 비싼 값어치를 하는 아이팟이었지만 MP3 플레이어에 불과했다. 그러나 스티브 잡스는 단순히 음악을 듣는 기기가 아니라 수많은 연결고리를 만들어내는 음악 플랫폼을 구현해냈다는 평가를 받는다. 아이튠즈라는 소프트웨어와 아이팟이라는 하드웨어가 결합된 결과물이었다. 스티브 잡스는 불법 다운로드로 음악을 듣는 것에 익숙한 이들에게 "우리는 사람들에게 보다 좋은 경험을 제공할 것"이라고 단언했다.

아이팟 이용자들을 단순히 음악을 다운받아 듣는 이들로 국한하지 않았다. 오히려 유료 음원에 대해 "수도꼭지를 틀면 얼마든지 공짜 물이 나오지만 사람들은 돈을 내고 미네랄 워터를 사지 않느냐"고 맞받아쳤다. 음원 공유 소프트웨어로 이미 시장을 장악한 냅스터에 대한 도전장이었다.

고객들은 음악 저작권에 대한 정당한 비용을 지불해야 한다는 당위성은 알고 있었지만 공짜 음원이란 더 큰 유혹을 쉽게 뿌리치기 어려웠다. 하지만 결국 음반회사와 가수, 아이튠즈 고객의 니즈를 모두 충족시켜냈다. 스티브 잡스만이 할 수 있는 일이었다. 공급자와 소비자를 연결하는 음원플랫폼은 그렇게 탄생했다.

애플의 진짜 힘은?

애플의 또 하나의 새로운 시도인 '애플스토어' 역시 고객들과 애플의 제품을 연결해주는 플랫폼이었다. 애플스토어가 문을 열자 당시 한 전문가는 뉴욕타임즈를 통해 "컴퓨터 제조업체가 소매점을 열어서 성공한 경우는 없었다. 그것은 아주 잘못된 전략이다. 애플은 2년 내에 소매점을 닫을 것이고 막대한 손실을 입을 것"이라고 비난했다. 기존에 없던 것에 대한 거부감이었다.

애플스토어는 가전제품 매장과 달리 매장 내에 제품에 대한 설명을 최소한으로 적었다. 대신 체험이 이뤄지도록 했다. 소비자들의 경험을 만족시켜주는 것이 구매의 지름길이라고 봤다. 길을 잃거나 도움이 필요한 사람에게 먼저 다가가 손을 내미는 호텔 서비스에서 영감을 얻었다. 애플스토어 직원들은 절대 제품을 사라고 권유하지 않는다. 단지 애플과 고객을 보다 가깝게 연결시켜주는 장치에 불과하다. 애플스토어의 교육매뉴얼에는 "당신이 해야 할 일은 고객이 원하는 바를 이해하는 것"이라고 적혀 있었다. 기존 소매점의 틀을 깨고 플랫폼으로 진화한 애플스토어의 실험은 성공적이었다. 〈Inside Apple〉에 따르면 2011년 애플의 점포당 매출은 평균 4,300만 달러로, 1평방피트당 5,137달러의 매출을 올린 것으로 나타났다. 당시 전자제품 전문 판매점인 베스트바이(평균 850달러)는 물론 보석 판매점 티파니(3,004달러)를 훌쩍 넘는 수치였다.

애플 앱스토어는 스마트폰 시장에서 생겨난 플랫폼 혁명에 가까웠

| 국내 1호 애플스토어 |

서울 강남 가로수길에 차려진 국내 1호 애플스토어 전경. 애플은 애플스토어라는 오프라인 매장을 통해 소비자 경험에 공을 들이고 있다.

출처: 애플 홈페이지

다. 앱 개발자들은 애플 앱스토어가 시작된 날을, 자신들이 힘없는 개발자에서 벗어난 날로 기억했다. 누구든지 앱을 개발해 올리면 매출의 70%를 가져갈 수 있었기 때문이다. 덕분에 무엇이든 가능한 개방적인 구조가 탄생했다. 앱스토어의 성공적인 콘텐츠플랫폼으로 평가받는 이유다. 아이폰과 혁신성과 결합한 앱스토어의 개방성은 무서운 시너지를 냈다고 평가받는다.

"Think Different(다르게 생각하라)"를 외친 잡스와 달리 게이츠는 "Think big, Start small(크게 생각하되 작은 일부터 시작하라)"라는 말을 남겼다. 인류의 삶을 바꾼 컴퓨터 황제로 불리는 게이츠는 자동차왕 헨리 포드와 함께 거론되곤 한다. 둘다 컴퓨터와 자동차를 개발하진 않았지만, 이들을 세상에 널리 전파한 업적을 쌓았기 때문이다.

게이츠는 시장의 독점적인 지위를 활용해 수많은 구설수에 올랐지만 지금의 플랫폼 시장을 이루는 기반을 다진 인물로 평가된다. 그를 세계 최고 부자로 만든 소프트웨어가 기술의 혁신이 아닌 비즈니스의 혁신을 일으켰기 때문이다. 기업들의 전유물이었던 컴퓨터를 개인들의 삶 곳곳에 침투시킨 덕에 이후 컴퓨터, 인터넷을 기반한 다양한 플랫폼이 정착할 수 있었다.

애플과 MS의 스토리는 ing

잘나가던 마이크로소프트를 가로막은 것은 바로 애플이었다. 스마트폰과 태블릿PC 시장이 빠르게 성장하며 PC 시장을 잠식한 탓이다. 당시 미국에서 활동하는 컴퓨터 과학자이자 벤처 투자가 폴 그레이엄은 "마이크로소프트는 여전히 많은 돈을 벌지만 더 이상 다른 기업에 위협적인 존재가 아니다. 마이크로소프트는 죽었다"고 혹평하기도 했다.

2007년 이후 지지부진하던 마이크로소프트를 일으킨 것은 클라우드였다. 기업들이 데이터 플랫폼인 클라우드를 통해 애플과의 시총 격차를 200억 달러로 줄이며 맹추격에 나선 것이다. 클라우드에 저장된 데이터는 '어디에 있는지'는 알 수 없지만 어디서든 내려 받는 것이 가능한 서비스다. 기업들의 데이터 수요가 급증하면서 별도의 데이터 센터를 구축하는 대신 클라우드 서비스를 활용하는 이들이 늘고 있다. 이미 아마존의 아마존웹서비스(AWS)가 독식하고 있는 시장이었지만 마이크로소프트만의 장점을 살려 순식간에 추격에 성공했다. 마이크로소프트는 클라우드 사업의 상승세에 힘입어 차세대 게임 플랫폼으로 불리는 '클라우드 게이밍'을 새 성장 동력으로 삼고 있다.

신한금융투자에 따르면 글로벌 클라우드 게이밍 시장은 2023년까지 연평균 112% 급증할 전망이다. 클라우드 게임이란 서버에 저장된 게임을 사용자들이 각자의 단말기를 통해 서버에 접속해 게임을 불러냄으로써 진행된다. 클라우드 서비스를 기반으로 한 게임 플랫폼이다.

스티브 잡스는 세상을 떠났고, 빌 게이츠는 경영에서 물러났지만 여전히 이들이 남긴 두 회사의 스토리는 다양한 플랫폼을 활용하며 진행중이다. 그리고 긴 싸움의 결말은 플랫폼 전쟁의 마지막 장면이 될 가능성이 높다. 제품을 통해 고객들의 마음을 훔친 애플과 클라우드를 통해 기업들의 데이터를 틀어 쥔 마이크로소프트 중 누가 마지막에 웃게 될지 관심이 쏠리는 이유다.

소름이 돋을 정도로 무서운 아마존혁명

아마존은 다양한 무기를 장착했다. 나루케 마코토는 말한다.
"우리 생활이 어느 정도까지 아마존에 젖어 있는지 제대로 아는 사람이 얼마나 될까?
소름이 돋을 정도로 무서운 세상이다."

'우리는 쿠팡 없이 살 수 있을까?' 코로나19 이전부터 집 문 앞에 하나 둘씩 쌓여가던 쿠팡 배송은 코로나19 이후에는 그야말로 일상이 되었다. 치약 하나, 계란 한 판, 바나나 한 송이까지 모두 쿠팡 신세를 져야 했으니 말이다.

우리에겐 이 같은 '쿠팡 라이프'가 익숙하지만 전 세계인들은 이미 '아마존 라이프'에 빠진 지 오래다. 『아마존의 야망』을 쓴 나루케 마코토는 "우리는 이미 누구라도 아마존과 상관없이 생활하기는 어렵다"고 말했다.

우리에게 아마존은 '세상의 모든 것을 파는 상점(The Everything Store)'으로 불린다. 그렇다고 단순히 물건만 파는 곳은 아니다. 아마존은 전자상거래(이커머스)에서 출발해 세상의 모든 산업과 기술을

우리에게 아마존은 '세상의 모든 것을 파는 상점(The Everything Store)'으로 불린다. 그런 아마존이 물류공룡을 넘어 클라우드, 우주로 영역을 확장하고 있다.

출처: 아마존

연결시키는 기업으로 거듭나고 있다. 사람들은 아마존이 걸어온 길 (amazon way)을 궁금해하고 아마존의 생각을 따라하고 싶어 한다. 아마존이 발표하는 미래 전략도 늘 세간의 관심이 쏠린다. 아마존이 바꾼 세상에 대한 기대감 덕에 최근 5년 새 주가는 300% 넘게 급등했다.

아마존의 주가는 한 국가의 증시 상황을 예측하는 가늠자로 평가받는 시대가 되었다. 아마존의 사업이 그만큼 각국 곳곳에 침투해 영향을 미친다는 얘기다. '공룡 아마존'의 시작은 미미했다. 상장 첫날 주가는 2달러, 2008년 말 금융위기 직후 주가도 50달러 수준이었다. 하지만 1997년 5월 상장 이후 24년 만에 주가는 3천 달러를 훌쩍 웃돌 만큼 급성장했다. 아마존의 성장 비결에는 어떤 비밀이 있을까?

크고 빠른 공룡

온라인 서점에서 출발한 아마존은 전자상거래, 물류, 클라우드 컴퓨팅, 빅데이터와 AI(인공지능), 우주 사업까지 영역을 확장했다. 시장 전반에선 '아마존의 나비효과'가 영향을 미쳤다. 소매 점포들이 줄줄이 문을 닫은 데 이어, 아마존의 성장과 함께 미국 백화점 시어스, 세계 1위 완구회사였던 토이저러스, 미국 대형서점 체인 반스앤드노블 등이 쇠락했다. 시장에선 아마존의 영향권에 든 기업들을 추려 '아마존 공포 종목지수'를 만들어냈을 정도다.

| 우주로 떠난 베이조스 |

아마존의 창업자 제프 베이조스는 아마존 CEO 타이틀을 넘기고 미국 우주 탐사 기업 블루 오리진을 이끌고 있다. 그는 앞으로 인류의 생활 근거지는 우주 공간이 될 것이라며 우주 시대를 예고했다.

출처: 아마존

아마존의 창업자인 제프 베이조스는 아마존 창업 당시 냅킨에 낮은 원가구조, 낮은 가격, 고객 경험, 트래픽, 판매자, 상품구성, 성장 등을 화살표로 연결해 적었다. 지금의 아마존을 만든 비즈니스 모델이다.

낮은 원가구조에서 시작한 아마존의 전략은 고객들을 아마존에 익숙하게 만들었고, 이런 고객들을 기반으로 급격한 성장을 이뤄냈다는 평가를 받는다. 이후 온라인 쇼핑몰 자포스 등을 인수해 덩치를 키웠고, 미국 식품 유통업체 홀푸드를 품으며 거대한 온·오프라인 커머스 공룡으로 거듭났다. 아마존은 탄탄한 물류 인프라와 첨단 기술력을 기반으로 성장 가도를 달려왔다. 아마존이 처음으로 시가총액이 1조 달러를 넘어선 2018년 당시 매출 증가율은 40%에 달했다. 당시 덩치가 아마존의 15분의 1에 불과했던 넷플릭스의 성장속도와 비등했다.

아마존 프라임 서비스는 아마존의 성장에 불을 붙였고 쇼핑과 문화소비를 연계한 거대 플랫폼 기업으로 거듭나는 계기가 되었다. 아마존 프라임 서비스는 연회비 119달러를 내면 무료 배송서비스 및 음악, 비디오 컨텐츠를 무제한 이용할 수 있도록 했다. 아마존만의 충성 고객들을 다수 확보하기 위한 전략이었다.

아마존 프라임 서비스 회원 수는 현재 2억 명을 넘어섰다. 과거 한 조사에 따르면 아마존 비회원이 한 해 평균 700달러를 소비하는 반면 프라임 회원은 1,300달러를 지출하는 것으로 알려졌다. 모건스탠리는 현재 아마존 프라임 서비스 회원들의 연간 지출 금액이 평균 3천 달러로 증가했다고 전했다.

이처럼 막강한 고객 파워를 바탕으로 끊임없이 새로운 기술을 사업에 도입하고 있다는 점이 아마존의 강점이다. 전문가들 사이에서 아마존을 두고 '크고 빠른 공룡'이란 긍정적인 평가가 나오는 것도 이 때문이다.

아마존의 미래는?

물건을 들고 나가면 계산이 완료되는 아마
존고(Amazon Go)를 비롯해 음성인식 AI 알
렉사(Alexa), 항공 우주기업 블루 오리진(Blue
Origin) 등 아마존의 실험은 늘 시장에 신선한
충격을 줬다. 4차 산업혁명을 주도한 기업으
로 꼽힌 이유다. 아마존고는 계산이 필요 없는
오프라인 매장을 구현해냈다. 'Just Walk Out'

아마존고
유튜브 영상

기술을 통해 어떤 물품이 선반에서 꺼내졌는지 추적해냈고, 자동으
로 고객의 가상 장바구니에 구입한 물품이 담겼다. 쇼핑을 마치고 매
장을 빠져나오면 고객의 아마존 계정에서 자동으로 결제가 이뤄졌
다. 최근에는 아마존이 내년께 식품매장 홀푸드마켓에 무인결제 기술
을 도입할 예정이란 소식도 전해졌다. 아마존의 물류 혁신을 이뤄낸
'Kiva'도 로봇 물류시대를 열었다는 평가를 받는다. 아마존은 Kiva를
통해 물류센터의 운용비용을 20% 절감하고 공간 활용도를 50% 향상
시켰다.

전자상거래 매출이 대부분을 차지하던 아마존의 새로운 먹거리가
된 것은 AWS(아마존웹서비스)다. 2006년 클라우드 시장을 선점한 아마
존은 마이크로소프트와 함께 업계를 주도하고 있다. 아마존은 2006
년 이후 AWS에 총 2천여 개의 신규 기능을 출시하며 클라우드 서비
스 경쟁력을 높여 나갔다. 아마존이 AWS에 공을 들이고 있는 이유는

| 무인 매장 아마존고 |

아마존의 무인 매장인 아마존고의 외부 전경. 아마존고는 소비자가 물건을 들고 매장 밖으로 나가면 자동으로 결제가 되는 시스템이다.

출처: 아마존

전자상거래 분야와 달리 높은 영업이익률로 톡톡한 캐시카우 역할을 해내고 있기 때문이다. 이를 통해 AI, 우주 사업 등에 공격적인 투자를 할 수 있는 선순환 사업 구조를 만들어냈다는 평가도 나온다. 실제 AWS 부문은 아마존 전체 영업이익의 60% 이상을 차지할 만큼 성장했다. 지난해엔 연간 130억 달러의 이익을 AWS를 통해 거뒀다.

2021년 1분기 아마존의 AWS 클라우드 수주잔고(backlog)는 529억 달러로 전년대비 55% 증가했다. 대신증권은 "AWS 장기 구독계약 평균 기간이 3.3년인 것을 감안하면, 향후 3년간 연 160억 달러 가량이 수주잔고에서 AWS 매출로 인식될 것임을 의미한다"고 설명했다.

코로나19 사태는 사업체질을 변화시켜온 아마존의 성장을 가속화시켰다. 비대면(언택트) 시장이 커지면서 AWS 부문과 전자상거래 부문이 동시에 수혜를 입었기 때문이다. 아마존에 따르면 코로나19 팬데믹 기간 매출은 전년 대비 220% 넘게 증가했다. 아마존 주가 역시 지난해 이후 80% 넘게 뛰었다. 늘어난 주문에 아마존은 연일 배송 물류 시설을 확장하고 있다. 뉴욕의 금융 기관인 Evercore ISI의 마크 마하니 애널리스트는 "앞으로 몇 년 내에 대부분의 미국인이 아마존 프라임 서비스를 이용할 것으로 보인다"는 분석을 내놓기도 했다.

코로나19 수혜주로 분류되었던 아마존에 대한 시장의 기대감도 여전하다. 골드만삭스는 지난 9월 인터넷 기술주 가운데 아마존, 알파벳, 페이스북, 스냅, 우버, 리프트, 익스피디아 등 7가지 주식을 추천주로 꼽았다. 계속해서 시장의 승자로 남을 것이란 이유에서다.

아마존이 코로나19 사태를 계기로 '물류 플랫폼'으로서 존재감을 키우고 있다는 점도 긍정적인 영향을 미치고 있다. 코트라(KOTRA·한국무역진흥공사)에 따르면 아마존은 전 세계적으로 운송을 담당하는 운전자 40만 명, 트럭 4만 대, 밴 1만 대, 비행기 75대를 보유하고 있는 것으로 알려졌다. 최근 특히 공을 들이고 있는 분야는 항공 물류다. 지난 8월 미국 켄터키에 15억 달러 규모의 투자를 통해 아마존 에어 허브 건설을 완료하기도 했다.

업계에선 4년에 걸쳐 건설된 아마존 에어 허브는 아마존의 배송·물류·운반의 중심이 될 것으로 보고 있다. 아마존은 내년까지 80대 이상의 항공기를 보유하겠다는 목표를 세웠다.

일각에선 아마존이 자율주행과 깊은 연관이 있다는 의견도 있다.

자율주행 시장이 커질수록 아마존이 수혜를 입을 것이란 분석이다. 삼성증권은 자율주행이 아마존에게 1석 4조의 효과를 가져다줄 것이라고 봤다. 한주기 삼성증권 연구원은 자료를 통해 배송 인프라를 구축하고 있는 아마존의 경우, 자율주행이 상용화되면 효율적으로 장거리 운행을 소화할 수 있는 데다 운송 인력들의 파업 리스크를 감내하지 않아도 된다는 장점이 있다고 설명했다. 또한 배송 효율성이 높아져 배송비 절감 효과가 기대된다고 부연했다. 2020년 기준 아마존의 배송비용은 611억 달러에 달한다. 전체 매출액의 15.8%에 해당된다. 자율주행을 통한 물류 서비스 혁신은 물론 로보택시 사업으로 확장될 가능성도 있다고 봤다. 한 연구원은 "예컨대 프라임 멤버십 가입자에게는 로보택시 이용료를 할인해주는 방식이 될 수 있다"며 "결국 신규 프라임 가입자를 유입할 수 있고, 프라임 생태계에 유입된 이상 전자상거래 등 다른 서비스와 시너지 효과가 예상된다"고 전망했다.

"고객을 두려워하라"

아마존은 다른 회사가 갖추지 못한 다양한 무기를 장착했다. 시장의 흐름 역시 아마존처럼 온오프라인을 넘나드는 기업이 증가하는 추세다. 나루케 마코토는 말한다. "우리의 생활이 어느 정도까지 아마존에 젖어 있는지를 제대로 아는 사람이 얼마나 될까. 생각해보면 소름이 돋을 정도로 무서운 세상이다."

쇼핑, 물류, 클라우드 플랫폼까지 장악한 아마존의 질주가 오랜 기간 이어질 것이란 데 의견을 보태고 싶다. '발 빠른 공룡' 아마존은 누구도 침범하지 못할 플랫폼을 선점해 게임의 규칙을 스스로 만들어내고 있기 때문이다.

아마존의 힘은 고객에서 나온다. 아마존 프라임 서비스를 통해 개인을, AWS를 통해 기업 고객을 아마존 라이프로 끌어들였다. 제프 베조스는 "직원들에게 항상 경쟁자 대신 고객을 두려워해야 한다고 지적한다"고 말한다. "우리에게 돈을 지불하는 것은 경쟁자가 아니고 고객이기 때문"이란 이유에서다. 대가를 지불받고 고객이 필요한 것을 연결해주는 비즈니스 모델은 플랫폼 기업의 핵심이다. 아마존 프라임 서비스와 같은 충성 고객이 많을수록 그 힘은 더욱 강해진다. 한국인의 모든 일상이 카카오톡으로 전달되는 방식과 같다. 카카오톡이 그렇듯 아마존 프라임 서비스를 탈퇴한 이들은 익숙함이 사라진 불편함을 견딜 수 없다. 결국 안락했던 자신의 일상으로 돌아올 수밖에 없다. 아마존에 젖은 일상을 '소름이 돋을 정도로 무서운 세상'이라고 표현하는 것이 과하지 않은 이유다. 내 삶에 침투한 플랫폼 기업의 무서움을 느껴야 하는 것도 이 때문이다. 이들이 만드는 게임의 룰에 따를 수밖에 없으니 말이다.

지구와 태양, 우주를 삼킨 플랫폼 테슬라

머스크는 선언했다. "테슬라는 전기차 이상의 것을 만드는,
세계에서 가장 큰 로보틱스 회사로 자리매김할 것이다."
종합 플랫폼 기업으로 거듭나고 있는 테슬라를 보는 눈이 달라져야 하는 이유다.

"재산을 남긴다면 자선단체가 아니라 머스크에게 물려주겠다. 미래를 바꿀 수 있기 때문이다."

구글의 공동 창업자 래리 페이지는 세상을 바꿀 끝없는 도전을 펼치고 있는 일론 머스크에 대해 이렇게 평했다. 실제 머스크는 16세부터 '인류를 구하는 것'을 인생 목표로 삼았다. 단순한 제품을 만드는 것은 그의 꿈이 아니었다. 하늘과 땅, 우주까지 모빌리티 혁신을 통해 새로운 세상을 바꾸고 있었다. 때론 인류를 2031년까지 화성으로 옮기겠다는 황당한 얘기를 내뱉기도 했지만 그의 말이 허풍에 그치지는 않았다. '머스크가 하는 얘기가 처음엔 황당할지 몰라도 언젠가 결국 현실이 되어 있다'는 평가가 나오는 이유다.

테슬라의 전기차 모델Y 모습. 테슬라는 전기차를 럭셔리카로 포지셔닝해 아이폰에 버금가는 혁신 상품을 만들어낸 기업으로 평가받고 있다.

출처: 테슬라 홈페이지

머스크가 꿈꾸는 세상의 주요 축은 테슬라와 스페이스X다. '제2의 아이폰'이자 '바퀴 달린 아이폰' 등으로 불린 테슬라의 등장은 자동차에 대한 개념을 바꾸는 데 성공했다.

혹자들은 머스크가 미국 완성차 업체 포드를 창업한 헨리 포드와 비교한다. 포드가 사치품으로 여기던 자동차를 온국민의 교통수단으로 탈바꿈시켰다면, 머스크는 전기차를 럭셔리카로 포지셔닝해 아이폰과 어깨를 나란히 할 혁신 제품의 이미지를 만들어내는 데 성공했다. 더 이상 업계에선 테슬라를 전기차 회사만으로 바라보지 않는다. 황당한 꿈에 돈을 버리고 있다는 세간의 비웃음에도 스페이스X는 세계 최고의 우주기술 업체로 성장했다. 2020년엔 사상 최초로 유인 우주선 크루드래건을 통해 우주인을 보내는 데 성공하면서 우주시대에 한발 더 다가갔다. 테슬라가 인공지능(AI)과 우주기술을 장착한 미래형 플랫폼기업으로 진화하고 있다는 평가가 나오는 이유다. 모델S에 열광하던 우리가 테슬라를 다른 각도에서 바라봐야 하는 이유이기도 하다.

머스크의 롤모델은 에디슨

일론 머스크의 롤모델은 에디슨이다. 테슬라의 사명은 에디슨과 동시대에 이름을 날렸던 '교류 전기 시스템' 발명가 니콜라 테슬라에게서 따왔지만 정작 따라하고 싶었던 인물은 에디슨이었다. 머스크는 그 이유에 대해 "에디슨은 자신의 발명품들을 시장에 내놓아 세상 사람들이 쓸 수 있게 했지만 테슬라는 그러지 못했다"고 밝혔다. 인류를 구하고 싶다던 16세의 소년이 테슬라를 통해 이루고 싶은 것은 단순한 발명품이 아닌 사람들이 실제 사용하는 혁신 제품이었던 셈이다.

페이팔 공동창업자인 머스크는 2004년 테슬라에 합류했다. [머스크가 테슬라에 합류하기 이전까지의 스토리는 너무 많은 책과 기사, 자료들에 자세히 소개되어 있다. 간단히 요약하면 이렇다. 남아공에서 태어난 독서광 머스크는 20대에 인터넷 스타트업 zip2, 온라인전자결제회사 엑스닷컴(현 페이팔)을 창업했다. 이 회사를 매각하며 손에 쥔 2억 5천만 달러를 전부 투자해 스페이스X를 세웠다. 테슬라는 머스크가 합류하기 1년 전 마틴 에버하드와 마크 타페닝이 설립한 회사다.] 테슬라는 GM이 실패했던 전기차에 승부를 걸었다. 미국 제너럴모터스(GM)가 1996년에 선보인 전기자동차 EV1은 세계 최초 양산형 전기차로 불렸지만 시장에서는 외면받았다. 내연기관차에 비해 장점을 갖추지 못한 데다 비싼 가격이 발목을 잡았다. 테슬라는 전기차를 갖고 싶은 사치품으로 둔갑시켰다. 화려한 스포츠카 '로드스터'를 테슬라의 첫 작품으로 선보인 이유다. 전기차를 대중적인 차로 만들면 시장이 호응하지 않을 것이라고 본 것이다. 이를 위해 전기차를 럭셔리카로 포지셔닝한 마케팅 전략이 적중한 셈이다. 그가 만들어낸 작품을 애써 홍보하지도 않았다. '혁신적인 제품을 만들어내면 마케팅은 절로 이뤄진다'는 게 그의 생각이다.

2006년에 나온 로드스터는 나름의 성공을 거뒀다. 대당 가격이 10만 9천 달러(약 1억 2천만 원)에 달했지만 2,400대나 팔렸다. 유명 연예인부터 부호들에겐 한 대쯤 갖고 싶은 차였다. 헐리우드 배우 레오나르도 디카프리오는 로드스터의 매력에 빠져 자신이 타던 도요타 프리우스를 버렸을 정도다. 한 미국 자동차 전문가는 로드스터를 시운전한 후 "당신이 만일 스포츠카를 좋아하고 환경보호에 앞장서고 싶다면 이 자동차를 사는 수밖에 없다. 정말이지 운전 자체를 즐겁게 만들어주는 전기차다"라고 말했다. (테슬라의 첫 차 로드스터는 머스크에게도 의미가 깊다. 2018년 2월 머스크는 로드스터를 로켓에 실어 우주로 보냈다. "어쩌면 수만 년 뒤의 미래에 외계 종족에게 발견될 수 있을 것"이라며 그는 차 계기판에 '당황하지 마세요'라고 써 붙였다. 2023년 출시를 앞둔 로드스터2가 머스크의 공언대로 출시된다면 제로백 1.1초, 최고속도 400km, 1회 충전시 1,000km의 주행이 가능한 현존 최고의 전기차가 된다.)

로드스터에 이어 출시된 모델S는 전기차 대중화에 불을 붙였다. 아이폰이 출시된 후 3년 만에 갤럭시S가 출시되면서 스마트폰 시장이 급성장한 것처럼 2012년 6월에 출시된 모델 S 이후 자동차 업체들의 전기차 전환이 본격화했다는 평가다. 일각에선 스티브 잡스가 우리가 살아가는 방식을 바꿨다면, 머스크는 세상을 바꾸는 일을 하고 있다는 얘기까지 나왔다.

세단 형태로 만들어진 모델S는 실제 곳곳에서 호평이 쏟아졌다. 당시 컨슈머리포트는 모델S에 대해 99점을 줬다. 지난 6년간 최고점이었다. 모델S의 성공에 테슬라 주가는 115%나 수직상승했다. 테슬라가 제2의 애플로 불리기 시작한 때다. 시장에선 "테슬라의 주가 상승은 꿈과 현실의 간극을 성능, 가격, 품질로 좁힌 데 따른 투자자의 보상"이라고 평가했다. (결국 테슬라 주가는 2020년 7월 완성차업체 시가총액 1위인 일본 도요타를 제쳤다. 테슬라의 5년 주가 상승률은 1,800%에 달했다.)

아이언맨, 모빌리티 플랫폼을 꿈꾸다

머스크의 꿈은 성공한 전기차 회사 CEO(최고경영자)가 아니다. 그는 하늘을 나는 차, 자율주행, 로봇, 우주탐사 등 토탈 모빌리티 플랫폼 회사를 꿈꾼다. 지구와 우주를 모두 공략하는 영화 같은 일을 벌이고 있는 것도 이 때문이다. (영화 〈아이언맨〉의 주인공 토니스타크의 실제 모델은 머스크다. 토니 스타크를 연기한 로버트 다우니 주니어는 실제 머스크를 만나 영감을 받았다.)

머스크는 '모빌리티 혁신'을 지구와 우주 '투 트랙'으로 벌이는 모양새다. 테슬라보다 앞서 2002년 직접 창업한 민간 우주탐사기업 스페이스X를 통해서다. 인류 일부를 화성에 이주시키는 게 목표다. 2017년엔 로켓을 재활용해 다시 쏘아올리는 데 성공했다.

머스크는 우선 전기차 사업을 플랫폼화했다. 과감한 특허공개를 통해서다. 그는 전기 구동장치와 동력 전달장치 등 핵심 기술을 포함한 특허를 전격 공개하겠다고 밝혀 시장을 놀라게 했다. 심지어 가짜 '테슬라를 만들어도 상관없다'고 선언했다. 기술을 공개해 전기차 시장의 판을 키우겠다는 의도였다. 머스크가 생각한 테슬라는 더 이상 자동차가 아니었다. 소프트웨어가 잔뜩 장착된 바퀴달린 컴퓨터이자, 이동수단이자, 휴식처로 봤다. 일각에서 기존 완성차업체들이 테슬라의 자동차 생산기술이 떨어진다는 비난을 가해도 개의치 않았다. 껍데기를 최대한 멋있게 만들어 그 안을 첨단 기술로 채우면 그만이었다. 소비자들은 테슬라의 '차량의 마감 상태가 엉성하다' '제대로 된 차를 받는 일은 복불복에 가깝다'와 같은 불만을 털어놓으면서도 테슬라를 갖고 싶어했다. 테슬라가 출근길과 나를, 휴식시간과 나를 연결시키는 모빌리티 플랫폼이라고 여겼기 때문이다.

테슬라는 완벽한 제작 능력 대신 무선으로 차량 기능을 업그레이드해주는 'OTA(over the air)' 기능으로 소비자들을 만족시켰다. 스마트폰처럼 소프트웨어를 업데이트해 오류를 바로잡거나 새로운 성능을 추가하는 기능이다.

| 태양광으로 영토확장 |

태양광 업체 솔라시티의 태양광 패널에서 충전된 전기로 테슬라 전기차가 충전되고 있는 모습. 테슬라는 전기차 사업 초기부터 자체 충전시설을 확보해왔다.

출처: 테슬라 홈페이지

　자율주행에 공을 들이고 있는 것도 같은 맥락이다. 경쟁사들의 자율주행차는 카메라뿐 아니라 라이다 등 센서와 정밀 지도를 결합하는 방식을 채택하고 있다. 하지만 테슬라는 카메라에만 의존한다. 차량에 장착된 카메라만으로 주변 이미지를 수집해 자율주행이 가능하도록 만들겠다는 계획이다. 이를 위해 2개의 인공신경망을 활용해 이미지 속 물체 간 거리를 측정하고, 다른 하나로는 이미지 내 물체 정보를 분석해 서로 간 정보를 교류해 결과값을 완성하는 식이다. 이렇게 확보한 데이터를 OTA 기능을 통해 차량 소프트웨어를 끊임없이 업그레이드한다. 소프트웨어가 계속 업데이트 되기 때문에 차주들은 매번 새차를 타는 것 같은 경험도 느낄 수 있다. 결국 여러 장치 없이 카메라만으로 완벽한 자율주행 기술을 확보할 경우 경쟁사들이 따라잡지 못하는 가격 경쟁력과 빅데이터 역량을 확보하게 되는 셈이다.

자체 전기차 충전 기술과 태양광 업체 솔라시티의 결합은 테슬라의 플랫폼으로서의 가치를 더욱 높여주고 있다. 테슬라는 전기차 사업 초기부터 자체 충전시설을 확보해왔다. 그 결과 현재 전 세계에 완속충전기(데스티네이션 차저) 2만 4천여 기와 함께 2,500여 곳에 급속충전기(슈퍼차징 네트워크)를 2만 5천 기 이상 설치한 상태다. 2006년 설립된 태양광 업체 솔라시티는 이에 필요한 전기를 공급할 수 있는 선순환 구조를 갖췄다.

솔라시티는 고객의 지붕에 무료로 태양광 패널을 설치해주고, 20년간 현재의 전기료보다 저렴한 비용을 받는다는 사업구조를 지녔다. 소비자는 초기 투자비용 없이 전기료를 절감할 수 있다. 머스크는 궁극적으로는 솔라시티가 테슬라를 넘어설 수 있다고 보고 있다. 에너지 대전환의 시대가 다가오고 있다고 보기 때문이다. 실제 머스크는 태양광 전지를 집 지붕에 설치하는 사업(솔라루프)을 강화하고 있다. 그는 "솔라루프가 2022년의 핵심 상품이 될 것"이라고 공언하기도 했다.

로봇과 우주를 장악하다

스페이스X의 우주개발과 2021년 테슬라가 AI데이를 통해 발표한 테슬라봇은 '모빌리티 플랫폼'으로 자리매김하기 위한 핵심 요소다.

| 우주로 가는 머스크 |

스페이스X의 스타십 랜더링 이미지. 테슬라 창업자 일론 머스크의 우주 진출의 꿈을 실현시킬 스페이스X는 1,600개 이상의 위성을 쏘아올렸다.

스페이스X는 2021년에만 900개, 누적 1,600개 이상의 인공위성을 쏘아 올렸다. 오는 2025년까지 1만 2천 개, 궁극적으로는 4만 2천 개의 위성을 보급해 글로벌 위성 통신망 '스타링크'를 완성하겠다는 계획이다. 테슬라가 첫 공개한 높이 1.7m인 휴머노이드(인간형) 로봇 '테슬라 봇 옵티머스'는 사물을 인지해 스스로 움직일 수 있는 오토파일럿 카메라가 탑재되고, 약 20kg을 운반하고, 약 68kg을 들어 올릴 수 있으며, 시속 8km로 움직일 수 있다. 머스크는 "휴머노이드 로봇이 인간만이 할 수 있는 반복적인 작업을 수행할 수 있다면 인건비를

스페이스X
유튜브 영상

절감해 세계 경제를 변화시킬 수 있는 기회가 될 것"이라고 강조했다.

결국 테슬라는 전기차를 비롯한 다양한 모빌리티를 지속적으로 공급하며 거대 플랫폼 기업으로 거듭날 가능성이 높다. 우선 모빌리티 플랫폼을 공급해 전 세계를 누비는 테슬라 유저를 확보하는 작업을 거칠 것이다. 여기에 필요한 인터넷과 전기 등의 자원은 테슬라의 장악력을 더욱 확대하는 역할을 할 것이란 게 전문가들의 분석이다. 물론 자율주행과 AI기술을 통해 확보한 '소프트 파워'는 고객들에게 만족감을 제공하는 동시에 테슬라의 수익원이 될 전망이다. 이에 더해 AI기술과 알고리즘은 의학 등 다양한 분야로 확장될 가능성도 제기된다. 그 중간 단계 격인 로보택시는 상용화될 경우 테슬라의 자율주행 기술과 전기 생산, 충전 기술이 더해져 테슬라의 새로운 수익원 역할을 하게 된다.

이미 머스크는 선언했다. "테슬라는 전기차 이상의 것을 만드는, 세계에서 가장 큰 로보틱스 회사로 자리매김할 것"이라고 말이다. 종합 모빌리티 플랫폼 기업으로 거듭나고 있는 테슬라를 보는 눈이 달라져야 하는 이유다.

배트(BAT, 바이두·알리바바·텐센트)맨이 남긴 메시지

중국 대륙에서 성장한 배트맨 삼각편대는
이제 사업 곳곳에서 치열한 경쟁을 펼치고 있다.
플랫폼의 미래를 읽어내기 위해 고민하는 우리에게 주는 교훈이 적지 않다.

"툭 튀어나온 광대뼈와 곱슬머리를 가졌다. 162cm의 작은 키에 몸무게도 45kg 정도밖에 나가지 않는다. 개구쟁이처럼 이를 드러내며 웃는 소년 같다."

미국 포브스는 중국 최대 플랫폼인 알리바바 창업자 마윈을 이렇게 묘사했다. 자신의 외모를 비웃는 이들에게 마윈은 "남자의 능력과 외모는 반비례한다"며 맞받아쳤다. 영어 실력이 유일한 밑천이었던 마윈은 중국을 넘어 세계를 삼킨 작은 거인으로 불린다. (더 이상 그를 '작다'고 평가하는 이는 없을지도 모른다.) 인터넷 황무지였던 중국을 16억 명의 거대한 인구를 발판 삼아 글로벌 플랫폼 기업들이 즐비한 완전히 새로운 세상으로 탈바꿈시킨 인물로도 평가받는다. 무엇이 지금의 알리바바를 만들어냈을까?

| '차이나 공룡'인 알리바바 |

알리바바는 중국의 제조업체들과 해외 바이어들을 연결해주는 중개상에서 세계 최대 규모의 플랫폼으로 성장했다.

출처: 알리바바 홈페이지

중국에서 인터넷이란 용어가 퍼지기 시작한 것은 1997년이다. 중국의 '여성 빌 게이츠'로 불리던 장수신은 중국 최초의 인터넷 기업인 잉하이웨이를 창업했지만 사업이 성공하기엔 중국의 인프라가 너무 열악했다. 시대를 너무 앞서간 셈이다.

이후 1999년 항저우의 한 아파트에서 '양쯔강의 악어'로 불리는 알리바바가 탄생한다. 마윈은 양쯔강 인근 항저우에서 가난한 경극 배우의 아들로 태어나 삼수 끝에 겨우 대학에 입학했다. 하버드대에 입학하기 위해 문을 열 차례나 두드렸지만 번번히 실패했다. 알리바바 이전의 창업도 큰 성공을 거두지 못했다. 알리바바 창업 이전엔 월급 12달러 짜리 영어교사로 일하던 중이었다. 영어를 할 줄 안다는 사실과 미국을 다니며 전자상거래 시장을 보며 일찍 눈을 뜬 게 시작의 전부였다. 마윈은 그렇게 자신의 아내와 16명의 동료들과 함께 아파트에 자본금 50만 위안(약 7천만 원)으로 첫 사무실을 꾸린다. 세상에 없던 새로운 아이템은 아니었지만 급성장하는 중국 거대시장에 꼭 맞는 창업이었다. 값싼 임금과 원가 경쟁력을 갖춘 중국 제조업체와 이들을 원하는 해외 바이어들을 연결해주는 중개상 알리바바는 그렇게 탄생했다.

중국이 하면 플랫폼도 스케일이 다르다

타오바오, 티몰, 알리페이로 이어지는 알리바바의 진화 과정은 세상을 놀래키기에 충분했다. 특히 세계 최대 인구를 자랑하는 중국의 고객 파워를 확보한 플랫폼 기업으로서의 존재감은 시장의 예상을 늘 뛰어넘었다. 알리바바가 이끄는 중국 전자상거래 시장은 2000년대 초반에 매년 90%씩 성장했다. 중국 경제가 급팽창하는 데다 해마다 인터넷 인프라가 꾸준히 발전한 덕이었다.

마윈은 이 과정에서 플랫폼 기업에게 고객을 확보하는 일이 얼마나 중요한지 누구보다 정확히 알고 있었다. 마윈의 이러한 고객 중심의 사업전략은 세간의 이목을 끌었다. 그는 인터넷 사업은 어린아이를 키우는 것과 같다고 했다. 아이를 키우듯 기업이 성장할 수 있도록 충분한 시간 동안 최대한 공을 들여야 이후에 그 수익을 확보할 수 있다는 주장이다. 그렇게 정성스레 기업을 키우다 보면 말을 타고 지나간 자리가 모두 내 것이 되는 것과 같은 효과를 누린다고 확신했다.

타오바오를 출시한 후 3년간 서비스를 무료로 제공하겠다고 밝힌 것이 대표적이다. 마윈은 무료서비스를 통해 더 많은 잠재 고객들을 확보할 수 있다고 봤다. '무료'라고 해서 고객들에게 허접한 것을 내놓진 않았다. 되레 "무료는 수단에 불과하다"고 하며 "유료보다 더 나은 서비스와 더 높은 가치를 제공해야만 이길 수 있다"고 강조했다.

이러한 마윈의 전략은 실제로 통했다. 2005년 알리바바는 이베이의 높은 벽(판매 금액 기준)을 단숨에 넘어선다. 당시 이베이는 중국 B2C 온라인상거래 시장에서 80%에 달하는 점유율을 차지하던 난공불락의 플랫폼이었다. 하지만 플랫폼 전략의 핵심을 꿰뚫은 마윈은 단기간에 이를 가뿐히 제쳤다. 시장에선 '크게 버리고 크게 얻는' 마윈의 전략이 적중했다고 평가했다.

미국 페이팔을 중국 특성에 맞게 탈바꿈한 알리페이도 나름의 혁신이었다. (플랫폼 기업들은 자신들의 최대 무기인 고객을 확보하고 나면 대부분 금융업에 진출한다. 네이버와 카카오도 마찬가지다. 관련된 얘기는 다음장에 자세히 담겨 있다.) 알리페이는 물건 대금을 결제하는 데 그치지 않고 송금과 공과금 납부, 교통비 및 신용카드 대금 결제 등 중국인들의 삶 곳곳에 침투했다. 마윈은 알리바바의 성공 비결에 대해 "고객들이 먼저 돈을 벌도록 한 다음 제 몫의 이득을 챙겼다"고 밝혔다.

중국 1위 기업으로 올라선 알리바바의 미국 증시 진출도 역사적인 기록을 남겼다. 나스닥 시장에서 성공적으로 데뷔하며 저가 제품과 짝퉁, 부정부패 등 그간 중국에 대한 서양인들의 편견을 일정부분 씻어내는 계기가 되었다고 전문가들은 보고 있다. 양쯔강의 악어가 플랫폼을 장악하며 이시아의 유통 공룡, 세계 최대 이커머스 기업으로 거듭난 순간인 셈이다. 알리바바는 IPO(기업공개)로 22조 원을 쓸어담으며 미국 증시 역사를 새로 썼다. [알리바바그룹의 연간 거래 규모(250조 원)가 아마존과 이베이를 합친 것 이상으로 커진 때였다.]

시장의 높은 기대와 관심 덕에 뉴욕 상장 첫날 알리바바 주가는 공모가 대비 38.07% 폭등했다. 시총은 2,314억 달러로, 아마존(1,531억 달러)을 제치고 세계 최대 전자상거래 업체에 등극했다. 1980년대 애플, 1990년대 마이크로소프트(MS), 2000년대 구글, 아마존 등 미국 기업이 주도해온 플랫폼 전쟁에서 중국 기업이 역사적인 깃발을 꽂은 셈이다.

기술에 꽂힌 대륙의 플랫폼

알리바바의 질주엔 'BAT'로 불리는 바이두와 텐센트가 함께 했다. BAT는 중국 플랫폼 산업을 이끌고 있는 바이두와 알리바바, 텐센트의 약자를 딴 단어다. 일명 '배트맨'으로 불리는 삼각 편대 중 바이두와 텐센트는 한국의 네이버, 카카오와 유사한 사업구조를 가지고 있다. 바이두는 검색 포털, 텐센트는 메신저를 기반으로 사업을 키워왔다.

텐센트 건물 외관. 알리바바를 맹추격한 텐센트는 메신저를 기반으로 게임, 콘텐츠, 결제 등 사업군
을 확장했다.

출처: 텐센트 홈페이지

마윈이 기술을 모르던 창업가였다면 중국 최대 검색 포털을 만든
바이두 창업자 리엔홍은 엔지니어 출신이다. 컴퓨터에 관심이 많았
던 그는 뉴욕 월스트리트에 있는 다우존스에서 금융정보 시스템 개발
자로 일하기도 했다. 또한 실리콘밸리에 있던 검색업체 인포시크에도
몸담았다. (인포시크는 이후 디즈니에 인수된다. 이는 리엔홍이 창업 전선에 뛰
어든 계기가 되기도 한다. 이유는 대기업 생활에 적응하지 못했기 때문으로 알려
져 있다.)

창업을 결심한 그는 꿈의 무대인 미국을 떠나 중국으로 향한다. 중
국의 무한한 잠재력에 베팅한 셈이다. 창업 초, 닷컴버블이란 인터넷
기업들의 몰락 속에서 풍파를 견뎌낸 그는 결국 중국 최대 검색 포털

을 키워냈다. 허접한 검색 사이트를 포장하는 데 치중하지 않고 세계 최고의 기술력을 갖춘 포털을 만드는 데 집중한 덕이다. 2010년 중국에서 구글이 철수한 이후 바이두의 검색 사이트 점유율은 70%에 달했다. 업계에선 바이두의 검색 능력이 구글을 능가한다는 평가도 나왔다. (중국인의 성향과 복잡한 중국어를 제대로 이해하지 못한 것이 구글이 중국 진출에 실패한 이유로 꼽힌다.)

바이두는 검색 포털과 동영상 서비스(아이치이)를 통해 광고 수익을 올리는 구조를 지녔다. 하지만 모바일 시대에 제대로 적응하지 못했다. 시장에선 BAT로 묶이기엔 바이두가의 명성이 예전만 못하다는 평가마저 나왔다.

하지만 여전히 바이두가 생존을 위해 미래 먹거리를 찾아나서는 행보를 보면 알리바바, 텐센트와 같은 인터넷 기업보단 첨단 기술 기업에 가깝다는 것을 알 수 있다. 바이두는 미국 실리콘밸리에 인공지능 센터를 세웠고, 구글 출신 스탠퍼드대 컴퓨터공학과 교수인 앤드류 응을 영입하며 기술력을 높이기 위해 오래 전부터 공을 들였다. 당시 응 교수는 "지금까지 세계 대부분의 기업들이 미국의 기술을 따라 했지만, 바이두는 수백 가지의 새로운 기술을 만들어낼 것"이라고 말했다. 바이두가 이후 나아갈 길을 잘 보여주는 발언이었다.

바이두는 반도체 독자개발에도 뛰어들었다. 2021년엔 AI 반도체 칩인 '쿤룬(崑崙)'의 2세대 모델을 대량 생산하기 시작했다. '쿤룬2'는 클라우드 기반 산업용 AI '바이두 브레인'에 탑재될 예정이다. 수년간 자율주행 기술에 공을 들여온 바이두는 자율주행 기술을 장착한 트럭을 선보이기도 했다. 상용차 시장에서 제2의 테슬라가 되겠다는 포부도 밝혔다. 오는 2023년부터는 30개 도시에서 로보택시 3천 대를 운영하겠다는 계획도 발표된 상태다.

알리바바의 유일한 대항마로 평가받는 텐센트는 빠른 사업확장과 패스트 팔로워(빠른 추격자) 전략으로 성장했다. 공격적인 성향이 짙은 텐센트의 창업자 마화텅은 '1천 마리 말이 질주하는 정보화시대'라는 뜻에서 텐센트라는 사명을 지었다.

지금의 텐센트를 만든 QQ 메신저는 이스라엘 벤처기업이 만든 온라인 채팅 서비스 ICQ(I seek you)에서 시작되었다. 중국 선전대 컴퓨터공학과 출신의 컴퓨터 천재 마화텅은 이를 그대로 베껴 OICQ를 만들었다. (이스라엘 기업이 소송을 제기하면서 마화텅은 메신저 이름을 지금의 QQ로 바꾸게 된다.) 모방의 연속이었지만 중국인들에게 최적화된 서비스를 연달아 선보인 텐센트는 메신저를 기반으로 게임, 콘텐츠, 여행, 결제 시장으로 사업을 다각화한다. 텐센트는 'IT업계의 육식공룡'이란 평가를 받을 만큼 과감한 투자와 인수합병을 단행하며 몸집을 불리기도 했다.

텐센트는 특히 모방회사라는 오명을 씻기 위해 2014년 '쌍100지원계획'을 통해 3년간 산하 창업시설에 100억 위안(1조 7천억 원)을 투입해 기업가치 1억 위안 스타트업 100개 육성 계획을 발표하는 등 과감한 투자를 단행한다. 개방형 플랫폼 구축에 나선 텐센트가 2018년 한 해 투자한 건수만 161건(900억 위안, 약 15조 원)에 달한다. 그 결과 텐센트가 씨를 뿌린 63개 기업(2018년 기준)이 상장했고 122개가 유니콘 기업으로 성장했다.

중국 대륙에서 성장한 배트맨 삼각편대는 이제 사업 곳곳에서 치열한 경쟁을 펼치고 있다. 알리바바가 주도하던 전자상거래 시장은 물론 검색, 결제, 콘텐츠, 클라우드 등에서 말이다. 세 공룡이 라이벌을 페이스 메이커 삼아 더 큰 성장을 이뤄낼지, 누군가 경쟁에서 낙오할지 아직은 알지 못한다. 14억 인구의 거대 시장에서 궤도권에 오른 만큼 쉽사리 몰락하긴 어렵다는 게 전문가들의 분석이다. 플랫폼 기업의 핵심을 읽어낸 마윈의 고객중심 경영과 경쟁사를 압도하는 기술개발에 매진한 바이두, 모방과 창조의 경계에서 과감한 투자로 자신만의 포지셔닝을 찾아낸 텐센트까지, 플랫폼의 미래를 읽어내기 위해 이들이 우리에게 주는 교훈이 적지 않다. (중국 정부의 예측 불가능한 규제가 발목을 잡곤 한다. 플랫폼 기업에 철퇴를 가한 중국 정부의 규제는 뒤에서 더 자세히 다룬다.)

디즈니의 반란이
의미하는 것들

디즈니가 참전한 OTT 경쟁은 새로운 트렌드를 쫓는 각국의 가장 치열한 전장이다.
디즈니는 꿈을 꿨고 OTT 시장이 커지는 모습을 보며 확인했다.
그리고 리스크를 감수해 도전했다.

중국 상하이 디즈니랜드는 390만㎡의 부지에 60억 달러(약 7조 원)가 투입되었다. 디즈니랜드 가운데 가장 최근에 조성된 이곳은 완공까지 총 1만 4천 명의 인력이 투입된 대형 프로젝트였다. 중국인들로 인산인해를 이루게 될 거대한 테마파크는 그렇게 시작되었다. 전 세계로 뻗어 나간 디즈니랜드는 '어린이들의 꿈과 희망'으로 불리던 월트 디즈니의 상징이다. 창업자 월트 디즈니는 "꿈꾸는 것이 가능하다면 그 꿈을 실현하는 것 또한 가능하다. 내 모든 것이 꿈과 생쥐 한 마리로 시작했다는 것을 늘 기억하라"고 했다. 전 세계 어린이들에게 꿈과 희망을 심어주는 얘기였다.

거대 미디어그룹으로 성장한 디즈니지만 애니메이션과 테마파크 등으로 구성된 사업들은 사양 산업으로 분류되었다. 기존 사업의 성

디즈니의 대표 캐릭터 미키마우스와 미니마우스. 디즈니가 미키마우스로 벌어들이는 돈을 환산하면 연간 6조 원에 달하는 것으로 알려져 있다.

출처: 디즈니코리아 인스타그램

장성이 한계에 부딪힌 탓이다. 뉴욕거래소에 상장된 디즈니 주가가 2015년 이후 4년간 지지부진했던 이유다. 꾸준히 우상향 곡선을 그리며 상승하는 여느 미국 주식들과 달랐다. '꿈꾸고 믿고 도전하고 실행하라'던 디즈니는 어떻게 새로운 플랫폼 기업으로 거듭났을까?

디즈니의 시작은 생쥐 한 마리로 표현되곤 한다. 우리에게 잘 알려진 '미키마우스' 얘기다. 디즈니는 1923년, 자신보다 여덟 살 많은 형 로이 디즈니와 차린 애니메이션 스튜디오 '디즈니브러더스튜디어'로 첫발을 내딛었다. 1928년에 공개된 '증기선 윌리'는 미키마우스가 등장하는 최초의 유성 단편 애니메이션이었다. 90년간 전 세계인의 사랑을 받아온 귀여운 생쥐 캐릭터 '미키마우스'는 디즈니의 근간이 되었다.

캐릭터 사업에 눈을 뜬 디즈니는 1934년 한 해에만 미키마우스로 3천만 달러 이상의 저작권 수익을 거둔다. 창업자 월트 디즈니는 자신이 일궈낸 디즈니 왕국에 대해 "내가 바라는 것은 단 하나, 모든 것이 생쥐 한 마리에서 시작되었다는 것을 잊지 않았으면 좋겠다"고 했다. 1955년 미국 캘리포니아주 애너하임에 최초의 디즈니랜드가 문을 여는 순간 내뱉은 말이었다.

늙지 않는 미키마우스

미키마우스를 보고 자란 사람들은 나이를 먹었지만 미키마우스는 늙지 않았다. 실제 미키마우스의 힘은 대단했다. 디즈니가 미키마우스로 벌어들이는 돈을 환산하면 연간 6조 원에 달하는 것으로 알려져 있다. [미키마우스법(Mickey Mouse Protection Act)으로 불리는 법이 개정되면서 1928년 탄생한 미키마우스는 95년 후인 2023년까지 저작권이 인정된다.] 미키마우스뿐만이 아니다. 1938년에 선보인 '백설공주와 일곱 난쟁이'를 시작으로 피노키오 등 연달아 동심을 훔칠 히트작을 선보인다. 하나의 콘텐츠를 TV 애니메이션, 영화, 테마파크, 캐릭터 등 다양한 수익원으로 확장시킨 전략은 디즈니 왕국을 일궈내는 힘이었다. 원소스 멀티유즈 전략이다.

스토리의 힘과 기술력이 더해지자 시너지는 더욱 폭발적이었다. 디즈니는 이미 1950년대 초 이매지니어링(Imagineering)으로 불리는 독창적인 모임을 가동했다. 이 모임은 디즈니랜드를 조성하기 위해 만들어졌다. 이매지니어링은 상상(Imagine)과 공학(Engineering)의 합성어로, 자유롭게 상상한 아이디이를 현실에 구현하는 일을 뜻했다. 여기에 참여한 직원들을 '이매지니어'라고 불렀다고 한다. 성장성이 한계에 부딪힌 순간 기술력이 숨겨둔 존재감을 드러낸 것이다.

이들은 실제 기존 TV프로그램과 단편 애니메이션만으로 한계에 봉착한 1970년대에 제 역할을 해냈다. 그간 쌓아 놓은 기술력이 부활의 원동력이 되었다. 디즈니의 전성기로 꼽히는 1980~1990년대에 인어공주(1989년), 미녀와 야수(1991년), 알라딘(1992년), 라이온킹(1994년) 등이 잇달아 탄생한 배경이다. 앞서 1966년 창업자 월트 디즈니는 폐암으로 세상을 떠났지만 바통을 이어받은 전문 경영인과 이미 자리잡은 시스템은 디즈니를 한 단계 도약시켰다는 평가를 받는다.

귀여운 미키마우스의 탈을 썼지만 사세를 키워가는 디즈니의 모습은 무서운 포식자와 다를 바 없었다. 지상파 방송인 ABC(1995년), 스포츠 전문 채널 ESPN(1996년), 자신들을 위협했던 픽사스튜디오(2006년), 히어로물을 대표하는 마블 스튜디오(2009년) 등을 적극적으로 인수합병(M&A)함으로써 몸집을 불려나갔다.

2012년에는 스타워즈 시리즈를 제작한 루카스 필름을, 2017년엔 무려 710억 달러를 쏟아부어 미국 6대 영화사 중 하나인 21세기폭스까지 품에 안았다. 디즈니는 세계 최대 미디어그룹이자 글로벌 인기 콘텐츠를 장악한 콘텐츠 공룡으로 자리매김한 셈이다.

디즈니의 승부수는 '플러스'

승승장구하던 디즈니도 고민에 놓였다. 회사 수익에서 큰 부분을 차지하던 방송 부문은 OTT(온라인동영상서비스)에 잠식당하기 시작했다. 코드 커팅(Code Cutting) 현상이 전 세계로 확산되면서였다. 코드 커팅은 케이블TV와 같은 유선방송 구독을 해지하고 온라인 기반 서비스로 이동하는 시청 행태를 말한다. 넷플릭스를 주축으로 한 OTT가 바꾼 새로운 라이프 스타일이었다. 코로나19 사태로 레저 · 엔터테인먼트 사업 부문마저 타격을 입었다.

그동안은 방송 부문이 꾸준한 실적을 떠받쳐주는 캐시카우 역할을 했다. 여기에 디즈니의 다양한 창작물이 흥행에 성공할 때마다 영화 수입은 물론 관련 상품, 테마파크, 리조트까지 줄줄이 시너지 효과를 냈다. 디즈니만의 황금포트폴리오가 동시다발적으로 흔들린 셈이다.

특히 OTT의 가파른 성장세는 디즈니의 위기감을 높였다. 콘텐츠 소비 트렌드 변화가 미국뿐 아니라 유럽, 아시아 등 글로벌로 빠르게 확산했기 때문이었다.

디즈니는 OTT가 부상하기 시작한 초반에는 공격적으로 맞서지 않았다. 2016년 타임워너가 미국 2위 동영상 플랫폼 Hulu 지분 10%를 인수하자 디즈니도 나서서 Hulu 지분을 확보하는 정도였다. 미래의 경쟁자가 될 넷플릭스에 디즈니의 콘텐츠 공급도 서슴지 않았다.

하지만 디즈니의 주요 수익원인 ESPN의 가입자가 해가 다르게 이탈하자 생각이 달라졌다. 결국 ESPN의 위기를 새로운 OTT 플랫폼

디즈니는 넷플릭스가 장악한 OTT(온라인동영상서비스) 시장에 뛰어들었다. 디즈니, 픽사, 마블 등을 앞세워 '내가 좋아하는 모든 이야기가 있는 곳'이라는 점을 강조하고 있다.

출처: 디즈니 홈페이지

ESPN+로 맞서 돌파구를 찾아나섰다. 구독자가 가파르게 늘자 깨달았다. OTT는 거스를 수 없는 대세라는 사실을 말이다. 또 다른 수익원인 디즈니랜드 관련 매출이 반토막이 나자 디즈니는 결국 자신들의 자체 OTT인 디즈니플러스를 시장에 선보였다. 넷플릭스에 제공하던 디즈니 콘텐츠도 공급을 중단했다. 배수진을 치지 않으면 넷플릭스의 독주 체제를 막기 어렵다는 판단에서였다.

2019년 11월 첫 선을 보인 디즈니플러스의 현재 성적표는 만족스러운 수준이란 평가를 받는다. 출범 당시 2024년까지 7,500만 명의 가입자를 확보하겠다고 밝혔지만 2021년 이미 1억 1,600만 명을 넘어섰다. 가파른 증가세에 2023년 목표치를 2억 4,500만 명으로 상향 조정했다. 기존 목표보다 3배 이상 늘어난 수치다.

상승세를 탄 디즈니플러스는 디즈니랜드의 매출 공백을 메워나가기 시작했다. 모바일 시장 분석 기관 앱애니(App Annie)에 따르면 프랑스인이 올해 상반기 가장 많이 돈을 쓴 앱 1위에 '디즈니플러스'가 이름을 올렸을 정도다.

디즈니는 디즈니플러스, Hulu, ESPN+ 등 자체 OTT 스트리밍 서비스로 새로운 전성기를 열겠다는 계획이다. 변화한 디즈니에 대한 시장의 기대치도 높아지고 있다. JP모건은 디즈니에 대해 "기존 산업에서 지속적인 디지털 혁신을 하며 실적을 회복하고 있다"고 하면서 디즈니를 미디어 업종 중 최고의 투자처로 꼽았다.

한국에 상륙한 디즈니플러스에 대한 관심도 높다. 다른 국가와 마찬가지로 국내에서도 코드 커팅 현상이 빠르게 확산되고 있는 만큼 '디즈니의 상륙'이 새로운 전환점이 될 수 있다는 기대감이 더해졌다. 국내 OTT 시장에서는 넷플릭스(910만 명·2021년 7월 기준)가 압도적인 1위에 올라 있다. 이어 웨이브(319만 명), 티빙(278만 명), U+모바일(209만 명), 쿠팡플레이(172만 명), 왓챠(151만 명), 시즌(141만 명) 등이 뒤를 잇고 있다. 업계에선 국내 OTT 순사용자 수(7개 OTT 앱의 중복 제거)를 1,526만 명으로 파악하고 있다. 스마트폰 사용자의 약 33%가 현재 1개 이상의 OTT 앱을 사용중인 셈이다.

위기 때마다 진가를 발휘해온 디즈니는 사업 초부터 단순한 스튜디오에 머물지 않았다. 허무맹랑한 꿈만을 좇지 않았고, 고객들을 만족시키기 위한 최신의 기술과 최상의 환경을 위해 노력해왔다. 시장을 놀라게 할 과감한 M&A를 통해서라도 말이다.

디즈니는 생전에 이렇게 말했다. "나는 꿈을 꾸고, 그 꿈이 내 신념에 맞는지 확인한다. 그리고 리스크를 감수해 도전하고, 그 꿈들을 실현하기 위한 비전을 실행한다"라고 말이다.

디즈니가 참전한 OTT 경쟁은 새로운 트렌드를 쫓기 위한 각국의 가장 치열한 전장이다. 누군가는 그 싸움에서 살아남기 어려울 수도 있다. 디즈니는 꿈을 꿨고 OTT 시장이 커지는 모습을 보며 확인했다. 그리고 리스크를 감수해 도전했다. 이젠 서서히 플랫폼 기업으로 진화하고 있는 디즈니가 플랫폼 전쟁에서 꿈을 실현할 수 있을지 지켜보는 일만 남았다.

2021년 3분기, 카카오 매출이 네이버를 넘어섰다. 국내 플랫폼 기업을 대표하는 네이버와 카카오의 진짜 승부가 시작되었다는 평가가 쏟아졌다. 서울대 86학번 동기이자 삼성SDS 입사동기인 이해진 네이버 글로벌투자책임자(GIO)와 김범수 카카오 의장은 과거 NHN의 공동 수장을 맡았던 동지로, 현재는 피할 수 없는 라이벌로 인연을 이어가고 있다. 곳곳에서 부딪히고 있는 이들의 경쟁의 끝은 어디일까?

3장

숙명의 라이벌,
네이버 VS 카카오

네이버 VS 카카오,
전쟁의 서막

네이버 신화를 이어간 이해진 GIO와 모든 것을 내려놓고 도전을 시작한 김범수 의장이
훗날 네이버와 카카오라는 국내 대표 혁신기업으로
맞서게 될 것이란 사실을 이들은 알았을까?

'전국 최대 규모 미션넘버원 PC방의 사장님'

우리나라 인터넷게임의 선두주자 한게임, 국민 모바일메신저 카카오톡을 만들어낸 김범수 카카오 의장에게 처음 대표라는 이름을 붙여준 곳은 PC방이었다. 어린 시절부터 게임을 좋아했던 그는 한의대 대신 컴퓨터를 곁에 둘 수 있는 서울대 산업공학과에 입학했다. 컴퓨터에 꽂혀 있던 그가 첫 직장으로 삼성SDS를 택한 것도 이 때문이다. (당시 친구들은 주로 삼성전자를 택했다고 한다.)

그는 컴퓨터를 좋아했지만 프로그래밍에 능숙하진 않았다. 배운 적이 없는 프로그램을 만들라고 하니 당황했다. 남들보다 프로그래밍을 잘 할 수 없을 것 같다는 생각도 들었다. 지금 당장 말고 시간이 지난 후에 나에게 필요한 것이 무엇일까 생각했다. 사람들이 앞으로 윈도

우(Windows)의 시대가 열릴 것이라고 얘길하던 게 생각났다. 그때부터 남들이 집중하지 않았던 윈도우 프로그래밍을 중점적으로 공부했다. 그러던 중 회사에 윈도우 관련 프로젝트가 떨어졌다. 남들이 관심을 갖지 않은 분야를 택해 미리 준비해온 것이 정확히 적중했다. 미래를 내다보는 안목이 사회 초년생 시절에도 탁월했던 셈이다.

PC통신 유니텔(지금은 모두가 편리하게 인터넷을 사용하지만 당시엔 통신회선으로 연결해야만 PC끼리 연결이 되었다. 천리안, 나우누리 등과 함께 유니텔역시 이 같은 역할을 하던 PC통신사업자였다)의 사업지원팀에서 근무하며인터넷에 대해 자신감이 생겼다. 자신이 좋아하는 게임과 이를 접목하고 싶다는 생각이 든 것도 이 즈음이다. 잡기에 능했던 그는 고스톱은 물론 모든 게임에서 소질을 보여 왔다.

PC방 사장님이 만든 K-플랫폼의 시작

1998년 과감히 사표를 던졌지만 자신이 꿈꾸던 게임회사를 탄생시키기 위해 자금이 필요했다. 스타크래프트가 대세이던 시절, 그는 PC방 사업에 뛰어들었다. 있는 돈 없는 돈을 다끌어모아 서울 행당동 한양대학교 앞에 PC방을 차렸다. 80여평 규모에 PC 48대를 갖춘 전국최대 규모였다.

PC방은 잘나갔다. 그 돈으로 삼성SDS 후배들을 모아 PC방 한 컨에사무실을 꾸려 회사를 차렸다. 국내 인터넷 게임 역사에 한 획을 그은 국내 최초의 게임 포털 '한게임'은 그렇게 시작되었다.

　프로그래밍에 능숙했던 이들은 사무실에 모여 PC방 관리시스템을 뚝딱 만들어냈다. 업계 반응도 좋았다. 이후 집중적으로 게임 개발에 들어갔다. 금세 고스톱, 바둑 등 우리에게 친숙한 게임을 인터넷에서 불특정 다수가 함께할 수 있도록 시스템을 구현했다. 한게임을 알리기 위해 전국 PC방에 자신들이 앞서 개발한 PC방 관리시스템을 무료로 깔아주는 대신 한게임을 컴퓨터 초기화면에 끼워 넣었다. 한게임은 PC게임 붐을 타고 이른 바 대박이 났다. 당시 역사상 전례가 없는 '3개월 만에 100만 명 회원 확보'라는 기록을 세웠을 정도다.

　100만 회원으로 가는 길에 네이버는 한게임의 든든한 조력자였다. 네이버를 창업한 이해진 네이버 글로벌투자책임자(GIO)는 김범수 의장과 서울대 86학번 동기이자 삼성SDS 입사 동기다. 이해진 GIO가 완벽주의자라면 김범수 의장은 승부사에 가깝다. 성격이 완전히 다른 두 사람이지만 과거엔 파트너로, 한때는 한 회사의 투톱으로, 지금은 국내 대표 플랫폼 기업을 이끄는 수장으로서 선의의 경쟁을 펼치는 라이벌로 오랜 인연을 이어가고 있다.

　이해진 GIO는 전형적인 모범생이었다. 서울대 컴퓨터공학과에 입학한 그는 컴퓨터라는 세계에 푹 빠진다. 서울대 대학원을 택한 김범수 의장과 달리 이해진 GIO는 카이스트 석사과정을 밟았다. 두 사람은 삼성SDS에서 다시 인연이 시작된다. 당시 박사 학위를 위해 유학 길에 오르던 친구들과 달리 이해진 GIO는 삼성SDS를 택했다. 하지만 프로그래밍에는 자신이 없었다.

이해진의 네이버는 포털사이트로, 김범수의 한게임은 PC게임으로 승승장구했다. 당시엔 시간이 흘러 네이버와 카카오가 숙명의 라이벌이 되리라곤 아무도 생각하지 못했다.

입사 후 대기업 업무에 흥미를 느끼지 못할 때쯤 사내에 새로운 아이디어를 발굴하는 '한계도전팀'이 생겼다. 이때 눈이 번뜩였다. 앞으로는 인터넷이 세상을 이끌 것이란 확신이 생겼다. 그는 이 팀과 함께 당시 불모지나 다름없었던 검색 엔진에 뛰어들었다. 일부 서비스가 있었지만 한글로 된 완벽한 검색 체계를 갖춘 곳이 없었던 만큼 충분히 승산이 있을 것이라고 생각했다.

네이버의 모태인 삼성SDS 사내 벤처1호 네이버포트는 충분한 경쟁력이 있다는 평가를 받았다. 사내 벤처로 출발한 네이버포트가 2년 남짓 만에 분사에 성공한 배경이다. 분사한 회사의 이름은 네이버컴이었다. 이해진 GIO는 30%의 지분을 가졌다. 토종 검색 엔진으로 시장에서 호응을 얻었지만 매니아층을 확보했을 뿐 이용자가 크게 늘지 않았다. 당시 포털업계 1위였던 야후코리아를 비롯해 심마니, 알타비스타에 이어 4위에 머물렀다.

운명처럼 다가온 역사적인 만남

한게임으로 승승장구하던 김범수 의장과 포털업계에 성공적으로 안착한 이해진 GIO는 같은 시기 고민에 빠졌다. 김범수 의장은 회사가 급성장했지만 시스템이 그 속도를 따라가지 못하자 초조한 상태였다. 대형 포털과 대기업이 인터넷 게임시장에 눈독을 들이고 있었던 만큼 1위 수성을 위해 추가 투자금이 필요했다. 이해진 GIO는 대규모 투자를 받아 자금력은 충분했지만 수익을 내지 못하고 있었다. 야후에 이어 라이코스, MSN 등 글로벌 기업까지 한국시장에 진출하면서 승부수가 필요했다. 김범수와 이해진의 회사가 합병하는 역사적인 M&A(인수합병)가 이뤄진 이유다.

두 사람은 게임과 검색을 합치면 큰 시너지를 낼 수 있을 것이란 데 공감하고 있었다. 하지만 합병 과정은 그리 순탄하지만은 않았다. 합병에 앞서 당시 가장 핫한 벤처기업이었던 새롬기술이 네이버를 인수 합병하겠다는 계획을 발표했다. 새롬기술은 무료 인터넷 전화로 급성장한 회사였다. 1998년 코스닥시장에 상장한 지 6개월 만에 주가가 150배나 급등하며 단숨에 황제주로 올라서기도 했다.

오상수 새롬기술 사장은 두 회사의 합병 이유에 대해 "다이얼패드 사업으로 글로벌 비즈니스를 표방하는 새롬기술과 국내 최고의 검색 서비스를 제공하는 종합 포털 인터넷 기업인 네이버컴이 함께 시너지를 발휘해 글로벌 비즈니스 모델을 갖추기 위한 것"이라고 배경을 설명한 바 있다. 무료전화서비스로 500만 명의 회원을 확보한 새롬기술에겐 네이버를 인수해 인터넷 업계 1위 자리에 올라서려는 구상이 있었다. 야후코리아 등을 추격하기 위해 몸집을 키우는 게 절실했던 네이버와의 니즈도 맞아떨어진 상태였다.

그러나 전 세계에 불어닥친 닷컴버블 여파가 상황을 뒤집어 놨다. 대표적인 인터넷기업이었던 새롬기술의 주가 역시 버블 붕괴의 충격을 받아, 네이버와의 인수합병을 발표 후 한 달 만에 95% 폭락했다. 새롬기술 주가가 급락하면서 새롬기술 4주에 네이버 1주를 교환하는 방식으로 진행하려던 인수합병이 무산될 수밖에 없었다. 당시 이해진 네이버 사장은 "기업가치 산정 등 합병에 대한 세부적인 의견 차이를 결국 좁히지 못했다"고 밝혔다. (결국 두 회사는 합병계획을 취소하고 새롬기술이 네이버 유상증자에 참여하는 형태로 마무리되었다.)

NHN의 탄생 비하인드

이해진 GIO와 김범수 의장의 의기투합은 이 같은 악재가 맺어준 인연이었다. 김범수 의장은 과거 한 매체에 쓴 기고를 통해 "원래 네이버와 새롬의 합병에는 한게임이 함께하는 모습이 그려져 있었다. 그러나 새롬기술이 이를 받아들이지 못하면서 네이버와 새롬기술 간 합병이 결렬되었다. 그 대신 네이버와 한게임은 두 업체가 중심이 되는 '역사적인' 합병을 발표했다"고 당시 합병 과정을 회상했다. "게임을 중심으로 한 거대한 커뮤니티와 국내 최고의 검색기술을 확보하고

네이버와 한게임 합병 기자간담회에 참석한 당시 이해진 네이버 사장(왼쪽)과 김범수 한게임 대표. 둘은 NHN으로 새롭게 출발했다.

출처: 네이버

있는 네이버의 경쟁력이 언젠가는 빛을 발할 것이라는 것을 우리 두 사람은 굳게 믿고 있었다"는 말도 덧붙였다.

한 배를 탄 이들은 회사명을 NHN으로 정했다. 'Next Human Network'의 약자였지만 업계에선 네이버와 한게임의 약자를 떠올렸다. 삼성SDS의 조직 문화를 공유하고 있는 두 사람은 개성이 강한 두 회사를 하나의 조직으로 융합하는 데 성공했다. 두 사람이 너무 다른 성격을 가진 덕에 안살림과 바깥살림을 적절히 나눠 맡을 수 있었다.

합병 이후 각각의 장점을 조직에 융화시키며 2003년 통합 검색과 지식검색 지식iN으로 야후를 제치고 다음에 이어 포털업계 2위까지 올라섰다. 이후 다음을 넘어서며 포털 1위 자리까지 올라서는 데 그리

오랜 시간이 걸리지 않았다. 무료에 익숙해진 사람들에게 '한게임 유료화'를 과감하게 선언한 것도 우려와 달리 성공을 거뒀다. 한게임은 닷컴버블 붕괴 이후 투자 심리가 얼어붙자 돌파구를 찾아야 했다. 유료화 외에 답이 없다는 것을 알았지만 고객들이 어떻게 받아들일지는 알 수 없는 노릇이었다. 그러나 김범수 의장은 "1천만 명이 넘는 한게임 회원 중 1%만 유료서비스를 이용해도 수익성이 있다"고 봤다. 포털과 게임이 안정적인 성과를 내자 시장에서 몸값도 높아졌다. 2002년 코스닥시장에 상장한 NHN은 4년 만에 시가총액이 5조 원까지 불어나기도 했다.

NHN이 성공가도를 달렸지만 김범수 의장은 또 다른 결핍을 느꼈다. 그래서 NHN 대표직을 내려놓고 NHN 미국법인으로 자원해 떠났다. 미국시장에서 아이폰을 접한 그는 인터넷 시대가 세상의 판도를 바꿨듯 모바일 시대가 새로운 혁명을 이뤄낼 것이라 직감했다. 김범수 의장은 이메일로 이해진 의장에게 회사를 퇴직하겠다는 뜻을 밝혔다. (당시 이메일을 받은 이해진 GIO는 창업자가 퇴직을 한다는게 맞는 말인 거냐고 되물었다고 한다.)

NHN이란 성공스토리를 함께 이뤄낸 두 동지는 그렇게 갈라섰다. 네이버 신화를 이어간 이해진 GIO와, 모든 것을 내려놓고 새로운 도전을 시작한 김범수 의장이 훗날 네이버와 카카오라는 국내 대표 혁신기업으로 맞서게 될 것이란 사실을 이들은 알았을까? 네이버와 카카오 간의 전쟁은 이처럼 고요하고 평화롭게 시작되었다.

네이버와 카카오의
마음을 훔치는 기술

두 회사의 공통점은 고객의 마음을 훔치는 기술을 확보하는 데 최선을 다했다는 점이다.
물론 그들은 훗날 모바일 메신저 시장을 두고
한판 승부를 벌이게 될 것이란 사실을 알지 못했을 테지만 말이다.

이해진 GIO는 한 강연에서 "일을 잘하는 사람은 종일 복사만 시켜도 남들보다 뭔가 다르게 업무를 개선하고 창의력을 발휘한다"고 말했다. 삼성SDS에 근무하며 창의적인 아이디어를 찾아나서 사내 '한계도전팀' 문을 두드린 것도 크리에이티브를 중시하는 그의 성향이 반영된 결정이었다. 분사 이후 본격적인 항해(네이버는 항해자라는 Navigator에 사람을 뜻하는 접미사 er을 붙인 이름으로 알려져 있다)를 시작했다. 성인물 검색을 차단한 주니어네이버 등을 선보이며 네이버만의 창의적인 색깔을 드러내기도 했다.

네이버의 가장 큰 무기는 검색 능력이었다. 물 건너온 야후코리아와 달리 한국인이 원하는 검색 결과를 척척 내놓으면서 입소문을 타기 시작했다. 하지만 야후코리아 등이 선점한 국내 포털시장에서 살아남기 위해선 뭔가 달라야 했다.

이는 네이버만의 고민은 아니었다. 당시 후발주자였던 엠파스는 문장을 입력해도 원하는 검색결과를 찾아주는 자연어 검색서비스를 통해 야후에 맞섰다. 엠파스의 자연어 검색은 큰 인기를 끌었다. 엠파스는 '야후에서 못 찾으면 엠파스'라는 광고를 대대적으로 펼쳤다. 네이버는 이에 맞서 자신의 검색량을 부각시켰다. "사랑이 뭔지 알아?"라는 한 여성의 질문에 남자가 답을 하지 못하자 그 여성은 "네이버는 13만 6,808건이란다"라고 말한다. 사랑이란 단어를 검색하면 13만 6,808건의 검색결과가 나온다는 얘기였다.

검색의 시작과 끝

하지만 네이버에겐 뭔가 좀 더 특별한 것이 필요했다. 당시 인기를 끈 엠파스의 자연어 검색을 개발한 것은 이준호 숭실대 교수(현 NHN 회장)였다. 이해진 GIO는 기술 제공 대가를 두고 엠파스와 갈등을 빚고 있던 서울대 컴퓨터공학과 선배 이준호 교수를 찾아갔다. 네이버는 이 교수가 검색기술 연구에 매진할 수 있도록 10억 원을 투자하고 월 4천만 원의 연구비를 지원하겠다고 약속했다. 네이버가 야후를 제치고 검색 시장 1위가 된 기반인 통합검색은 그렇게 이 교수의 손에서 탄생했다. 통합검색은 야후에서도 선보이지 않았던 완전히 새로운 방식이었다. 통상 이에 앞선 검색은 키워드 검색에 불과했다. 과거엔

| 네이버 지식iN |

집단지성의 집약체이자 하나의 놀이문화로 자리매김했던 네이버 지식iN은 네이버의 존재감을 한층 키우는 데 큰 역할을 했다.

출처: 네이버

검색 능력이 기대에 못미치자 스티븐 로렌스 미국 프린스턴대 교수는 "가장 좋은 검색엔진조차 인터넷에 올려진 전체 정보 가운데 16% 정도 밖에 찾아내지 못한다"고 꼬집었다. 야후는 한 발 나아가 주제별(디렉토리) 검색을 도입했다. 원하는 검색 내용을 분야를 좁혀가며 찾아갈 수 있다는 장점이 있었다.

통합검색은 사용자의 검색 의도를 파악해 디렉터리, 웹 문서, 지식검색, 뉴스, 백과사전, 이미지 별로 검색 결과를 보여줬다. 보다 정확하고 편리한 검색을 원하는 고객들의 마음을 훔쳐낸 비결이다. 특히 네이버의 존재감을 한층 키운 것은 지식검색 서비스인 '지식iN'이었다. 네이버가 추구하는 한글로 된 검색 결과는 영어 검색 결과보다 숫자에서 뒤처질 수밖에 없었다. 검색량 격차를 만회하기 위해 고안해 낸 것이 일반인끼리 묻고 답할 수 있는 일종의 플랫폼을 구축하는 일이었다.

반응은 폭발적이었다. 지식iN 서비스를 시작한 지 7개월 만에 축적된 지식은 100만 개를 넘어섰다. 지식iN의 100만 번째 지식은 "법정 스님이 계셨던 불일암은 어디인가요?"라는 김성열 씨(id:sun11star)의 질문에 김종연(id:venuslv) 씨의 답변이 차지했다. 김씨는 법정 스님의 오두막집에 대한 설명과 함께 서울에서 갈 수 있는 다양한 방법을 알려줬다. 당시 100만 개의 지식 가운데 가장 많은 답변을 받은 질문은 "전봇대는 왜 50m씩 규칙적으로 서 있나?"였다. 이 질문에 무려 250여 개의 답변이 달릴 만큼 지식iN이 하나의 문화가 되었다.

검색 지배력을 확보한 네이버는 거침이 없었다. 여의도 증권가에선 당시 코스닥에 상장되어 있던 NHN을 두고 '보유할수록 든든한 기업' '멈추지 않는 성장엔진을 보유한 기업'이란 호평이 쏟아졌다. 구글 주식을 팔고 NHN을 사야 한다고 주장하는 이들도 있었다. '검색과 게임' 쌍두마차가 끌고가는 회사의 미래를 긍정적으로 평가했기 때문이다.

정박한 배를 떠나다

창창한 꽃길을 두고 김범수 의장은 네이버를 홀연히 떠났다. 그는 이미 큰 성공을 거뒀지만 새로운 것을 하고 싶다는 갈증이 더욱 컸다. 그는 "성공한 NHN은 정박한 배여서 떠난다"는 말을 남겼다. 2007년 초 이해진 GIO와 '아름다운 이별'을 한 김범수 의장은 아이위랩

NHN을 떠난 김범수는 국민 메신저 카카오톡으로 화려하게 컴백했다. 카카오톡은 향후 거대한 카카오 왕국의 단단한 뿌리가 된다.

출처: 카카오

(IWIRAB)이란 새로운 회사를 세웠다. 다시 처음부터 시작하는 만큼 회사 이름도 실패를 염두한 채 지었다. '랩'이란 단어를 붙인 이유다. 아이위랩에는 '무언가 새로운 것'을 만들고 싶다는 생각을 가진 이들이 모였다.

이듬해 미국에서는 콘텐츠의 수집과 정리, 공유 기능을 강화한 블로그 서비스 '부루닷컴'과 이용자들의 집단지성에 의해 추천되는 방식의 검색 서비스인 '위지아'를 선보였다. 부루닷컴은 글, 이미지, 동영상 등 다양한 인터넷 콘텐츠를 사용자들이 손쉽게 수집하고 주제별로 정리할 수 있는 '컬렉션' 기능을 앞세웠다. 위지아의 경우 "컴퓨터 포맷 후 설치해야 할 필수 프로그램을 추천해주세요"라고 글을 올리면 실시간으로 여러 사람들이 추천 차트를 만드는 데 동참하고 투표를 통해 가장 필요한 추천 정보의 순위를 매기는 추천 기능을 넣었다. 결과는 실패였다. 하지만 김범수 의장이 더 이상 웹 기반 서비스를 내놓지 말아야겠다고 마음먹는 계기가 되었다.

그는 새로운 사업으로 눈을 돌렸다. 2009년 11월 11일 연합뉴스 기사의 제목은 '한게임 창업자, SNS 사업 도전'이었다. 김범수 의장이 SNS와 커뮤니티 서비스를 결합한 마이크로카페 사이트인 카카오(www.kakao.com)의 비공개 테스트를 실시하고 있다는 소식이었다. 이용자 개인별로 원하는 지인과 주제에 따라 다양한 콘텐츠를 공유하고 소통할 수 있는 서비스로 알려졌다. 실제 김범수 의장은 당시 카카오수다(대중과 커뮤니케이션), 카카오아지트(그룹 커뮤니케이션), 카카오톡(지인과 커뮤니케이션) 등을 준비했다. 그중에 압도적인 반응을 얻어낸 것이 지금의 카카오톡이었다. 서비스가 나오자마자 10만 명이 다운로드 받는 것을 보고 기존에 준비하던 다른 앱 개발을 전면 중단하고 카카오톡에만 올인했다. 카카오톡의 이름을 따 사명을 아이위랩에서 카카오로 변경했다. (당시 카카오톡의 이름의 뜻을 묻자 이제범 대표는 "카카오톡은 사내 공모에서 나온 것이며 특별한 뜻이 없다"고 밝힌 바 있다.)

단 한 사람의 인생이 행복해지면 성공이다

카카오톡의 열풍은 한게임을 창업했을 때보다 훨씬 더 뜨거웠다. 앱을 오픈한 지 하루 만에 애플스토어 1위에 올랐다. 문자메시지처럼 요금이 따로 부과되지 않는다는 점 때문에 젊은 층에서 특히 인기를 끌었다. 카카오톡을 써본 이들은 채팅앱의 원조 격인 미국의 '왓츠앱' 보다 전송속도가 빠르고 앱이 안정적이란 호평을 쏟아냈다. 왓츠앱이 유료로 전환하는 시점도 카카오톡에겐 절묘했다. 김범수 의장은 앞서 다른 앱들이 유료앱을 만들어 돈을 버는 전략을 구사했던 것과 달리 그 앱을 반복적으로 사용하게끔 만들어 수익을 창출하는 비즈니스 모델을 택했다.

특히 여러 명의 친구들과 동시에 대화를 나눌 수 있는 '그룹 채팅' 은 세간의 화제가 되었다. 컴퓨터에서도 가능한 기능이었지만 스마트폰 시대에 이를 모바일로 구현해낸 것이 특징이었다. 지인들을 추천 해주는 '지인추천' 기능은 물론, 직접 연락처를 알고 있지 않아도 추천된 친구와 바로 채팅할 수 있다는 점도 사용자들에게 어필 포인트였다. 2010년 말 스마트폰 보급대수가 710만 대였을 때 이미 500만 명의 이용자를 확보했을 만큼 파급력이 컸다. 당시 김범수 의장은 카카오톡의 성공에 대해 "검색이 인터넷 시대를 지배했다면 모바일 시대에는 커뮤니케이션이 핵심 가치를 창출하는 서비스가 될 것으로 봤다"고 말했다.

2011년 4월, 가입자 1천만 명 돌파 기념 기자간담회에서 김범수 의장은 시(詩)를 하나 소개했다. 랄프 왈도 에머슨의 '무엇이 성공인가'라는 제목의 시였다. 시의 후반부에는 '세상을 조금이라도 살기 좋은 곳으로 만들어 놓고 떠나는 것, 자신이 한때 이곳에 살았음으로 해서 단 한 사람의 인생이라도 행복해지는 것, 이것이 진정한 성공이다'라는 글귀가 담겨 있었다.

카카오톡 이용자는 폭발적으로 늘었지만 수익구조는 뚜렷하지 않았다. 기프티콘이 있었지만 큰 역할을 하지 못했다. 하지만 이들은 돈 벌 궁리보다 어떻게 하면 사용자들의 마음을 사로잡을지를 더욱 고민했다. 당장 벌어들이는 돈보다 완벽한 검색 시스템을 갖추려 노력했던 네이버의 초기 모습과 닮아 있었다. 대신 새로운 것을 시도했다. 카카오톡의 바통을 이어받은 카카오스토리다. 적자에 허덕이던 회사였지만 제대로 된 소셜미디어서비스를 만들어보자는 일념이 더 강했다.

2012년 3월 출시된 카카오스토리는 출시 첫날 정오가 되자 가입자가 100만 명을 넘어섰다. 출시 일주일 만인 3월 29일 23시에는 1천만 고지를 넘어섰다. 출시 6개월 만에 100만 명, 13개월 만에 1천만 명을 돌파했던 카카오톡을 넘어서는 기록이었다. 카카오는 국내외를 통틀어 최단기간 만에 1천만 고지에 올라선 소셜미디어서비스라고 평가했다.

가입자 4천만 명을 넘긴 카카오톡과 1천만 명의 카카오스토리 사용자는 지금의 카카오를 있게 한 힘이었다. 같은 과, 같은 직장 동기였던 이해진 GIO와 김범수 의장은 인수합병을 통해 한 회사의 공동 대표가 된 후 '아름다운 이별'로 끝을 맺었지만, 두 회사의 공통점은 고객들의 마음을 훔치는 기술을 확보하는 데 최선을 다했다는 점이다. 물론 그들은 훗날 모바일 메신저 시장을 두고 한판 승부를 벌이게 될 것이란 사실을 알지 못했을 테지만 말이다.

콘텐츠를 확보하라, 그것이 경쟁력이다

검색과 메신저로 출발한 네이버와 카카오지만
현재 투자자들이 가장 주목하는 분야는 두 회사의 콘텐츠 분야 성장성이다.
"한국의 소프트웨어가 전 세계를 사로잡고 있다."

포털 1위 자리에 올라선 네이버지만 큰 고민이 남아 있었다. 광고 이외에 돈을 벌어다줄 튼튼한 비즈니스 모델을 확보하는 것이 절실했던 것이다. 웹사이트 중심의 서비스를 모바일로 전환하는 과정에서 기업의 미래가치를 나타내는 주가가 주춤한 이유였다.

당시 유안타증권은 '실적은 좋은데 주가는 왜?'라는 보고서를 통해 "모바일 인터넷은 동사에게 새로운 신성장 기회요인을 제공해주기도 하지만 기존 시장지배 사업자에게는 위협 요인이 될 수도 있다"고 분석했다. 검색과 게임이란 두 성장축에 더해질 무언가가 필요한 시점이었다.

지식쇼핑, 네이버북스 등 새로운 실험이 계속되었다. 그러나 큰 성과를 내진 못했다. 카카오톡의 네이버 버전인 라인을 출시했지만 국내에선 네이버의 명성에 걸맞은 호응을 얻지 못했다. (라인과 관련된 내용은 다음장에 자세히 담았다.) 카카오톡이 김범수 의장의 장기인 게임사업을 통해 '애니팡' 등 모바일 게임으로 세상을 떠들썩하게 만들 때도 네이버는 일본 등의 해외시장의 성장성에 의지해야만 했다. 애니팡이 성공하자 라인을 통해 버즐 등의 게임을 선보이며 추격했지만, 이해진 GIO가 원하던 창의성이 드러나는 사업 전략은 아니었다.

당시 NHN은 게임사업 부문을 NHN엔터테인먼트로 분할해 떼어내고 포털사업 부문을 네이버로 재탄생시켰다. 당시 네이버는 "구글·페이스북과 같은 막강한 글로벌 기업들과 전 세계 무대에서 진검승부를 펼치기 위해서 분할을 결정했다"고 설명했다.

카카오가 게임, 모바일결제, 증권, 택시 등 다양한 사업군으로 영역

| 급성장한 '카카오 게임하기' |

14배
카카오 게임 파트너 수

99개

7개
2012.07   2013.07

18배
카카오 게임 수

180개

10개
2012.07   2013.07

한 해 동안 드라마틱하게 성장한 '카카오 게임하기'. 수익성에 대해 고민하던 카카오톡의 숨통을 틔워주는 역할을 했다.

출처: 카카오

을 확장하고 있었지만 분할한 네이버는 여전히 라인에 의존하고 있었다. (그 사이 NHN엔터테인먼트의 이준호 회장이 네이버 지분을 정리하면서 김범수 의장과 의기투합해 합병했던 포털과 게임이 맺은 인연은 끝을 맺었다. 이전 장에서 언급했지만 이준호 회장은 지금의 네이버를 있게 한 통합검색을 개발한 인물이다.)

2015년까지도 네이버의 핵심 수익원에 대해 의구심을 제기하는 이들이 있었다. 2015년 5월 대신증권은 '핵심 수익모델이 필요'라는 보고서를 통해 "스마트폰 환경에서는 네이버를 거치지 않고 메신저, 쇼핑, 뉴스, 게임 어플리케이션 등을 직접 사용하는 경우가 많다"며 "메신저 플랫폼 기반으로 결제, 음악, 택시 등으로 사업확장을 시도하고 있으나 의미 있는 실적 기여에는 시간이 걸릴 것으로 추정된다"고 지적했다.

칼을 간 네이버의 승부수는?

절치부심한 네이버는 그해 네이버페이를 선보였다. 네이버 아이디로 결제·충전·적립·송금할 수 있는 결제서비스였다. 네이버페이는 네이버쇼핑을 키우려는 의도가 담겼다. 네이버 검색으로 필요한 상품을 찾고 결제까지 이뤄질 수 있는 '끊김 없는 쇼핑 경험'을 제공하겠다는 계획이었다. 당시 네이버는 하루 평균 모바일로 네이버를 방문하는 이용자 2,400만 명 중 61%인 1,500만 명이 자동 로그인을 유지하고 있어 간편 결제의 혜택을 누릴 것으로 예상했다. 실제 온라인쇼핑이 급증하면서 네이버쇼핑은 핫한 쇼핑몰로 거듭났다는 평가를 받았다. 가격비교 서비스 덕분이다. 소비자들은 네이버 검색에서 가격을 비교해 가장 저렴한 쇼핑몰로 이동한다. 네이버는 고객이 가격비교를 통해 해당 쇼핑몰로 이동할 경우 쇼핑몰에게 수수료를 받는 형태로 수익을 냈다.

해외 유명 여행지 정보를 제공하는 '해외 여행 검색' 서비스를 오픈한 것도 마찬가지다. 소비자들에겐 검색의 편익을, 자신들은 다양한 형태의 검색광고 수익을 내는 구조를 끊임없이 계속 만들어내고 있는 셈이다. 부동산 매물, 식당, 숙박 등 모두 네이버가 확장한 쇼핑의 영역이다.

온라인-오프라인 연계(O2O) 플랫폼인 '네이버윈도'를 키우며 백화점부터 아웃렛, 뷰티, 푸드, 미술 작품까지 선보이기도 했다. 사용자가 제품 구매 전 사이즈나 실제 코디법 등이 궁금할 때 오프라인 매장 직원과 직접 대화를 나누며 궁금증을 해결할 수 있는 네이버톡톡도 함께 내놨다.

2016년 한 증권사는 마켓과 옥션을 운영하는 이베이코리아, 쿠팡, 인터파크와 11번가, 롯데, 신세계 온라인몰을 모두 제치고 네이버 쇼핑이 온라인쇼핑 시장점유율 1위로 올라섰다는 분석 자료를 발표해 업계를 놀라게 만들었다.

재미의 방식을 바꾼 웹툰

'매일매일 새로운 재미'를 추구하는 네이버웹툰은 네이버 콘텐츠 역량의 핵심축 가운데 하나다. 만화는 포털시장이 커지면서 음악, 게임을 이을 차세대 콘텐츠 분야로 꼽혔다. 담배 연기가 자욱한 만화방이 아니라 언제 어디서든 만화를 즐길 수 있다는 점이 웹툰의 가장 큰 장점이었다. 당시 드림위즈, 다음, 네이버를 비롯해 하나포스닷컴, 야후코리아 등이 일제히 만화 서비스에 뛰어들었다. 누가 얼마나 많은 만화를 확보해 무료로 제공하는지가 관건이었다.

| 웹툰 시장을 선점한 네이버 |

퀘스트지상주의
박태준 만화회사
[외모지상주의], [싸움독학], [인생존망]과 세계관을 공유하는 작품! 공...

하북팽가 막내아들
스튜디오M / 기원
하북팽가 최고의 전력, 도왕 팽지혁. 마교의 습격으로 멸문지화에 빠진 ...

먹는 인생 격동
홍끼
세상에는 먹고 싶은 것들이 너무 많아! 나의 맛있는 일기

총 5종의 만화로 시작한 네이버 웹툰은 글로벌을 사로잡은 웹툰왕국으로 거듭났다. 웹툰을 기반으로 한 드라마, 영화 등이 연달아 흥행에 성공하며 웹툰작가들의 전성시대를 이끌기도 했다.

출처: 네이버

네이버 웹툰은 2005년 12월 총 5종의 만화로 시작했다. 매월 3권의 만화를 무료로 이용할 수 있는 서비스로 차별화를 꾀했다. 웹툰 이용객이 늘어날수록 네이버에 대한 충성도를 높이는 선순환모델이 될 수 있다고 판단했기 때문이다. 웹툰의 인기는 나날이 높아졌다. 2011년 네이버 웹툰에 연재되었던 '봉천동 귀신'의 경우, 미국 만화 사이트와 유튜브 등을 통해 해외로 널리 퍼져나가기도 했다. 조석, 이말년, 주호민, 기안84 등 스타 웹툰작가들의 전성시대도 찾아왔다. 인기 작가들의 경우 팬클럽도 생겼다.

네이버웹툰의 폭발력은 '베스트도전'과 '도전만화' 등을 통해 원하는 이들 모두에게 문을 열어둔 개방형 플랫폼에서 나왔다. 스타 등용문의 역할을 톡톡히 하고 있는 셈이었다. 콘텐츠 경쟁력을 가졌다면 누구나 스타가 될 수 있고, 독자들에겐 다양한 작품들을 감상할 수 있는 기회가 생겼다. 덕분에 단 세 작품, 세 명의 작가로 웹툰 서비스를 시작한 네이버는 2021년 약 250여 명의 작가를 보유한 거대 콘텐츠 플랫폼으로 성장했다. 이 시기 월평균 순방문자수는 국내 인터넷 사용 인구의 3분의 1에 해당하는 1,400만 명에 달했다.

K-웹툰은 글로벌로 뻗어나가고 있다. 2021년 3분기 기준, 북미 웹툰 월간 사용자 수는 블랙위도우·샹치 등 오리지널 콘텐츠 출시에 힘입어 역대 최대치인 1,400만 명을 돌파했다. 줄곧 성장해온 글로벌 월 거래액도 1천억 원을 넘어섰다.

네이버웹툰은 2021년 3분기에 월 거래액 1천억 원을 돌파했다. 2021년 한 해 동안 웹툰 거래액 성장률은 전년 대비 50%에 육박할 것이란 게 전문가들의 관측이다. 사업 초 담당하던 직원이 한 명에 불과하던 네이버웹툰은 콘텐츠를 미래먹거리로 보고 꾸준한 투자를 단행한 끝에 결국 세계 1위에 올라섰다. 글로벌에서 가장 많은 월간 이용자 수(MAU)를 보유한 북미 웹소설 플랫폼 '왓패드'의 지분 100%를 약 6억 달러(약 6,700억 원)에 인수하면서 네이버웹툰과 왓패드를 합친 이용자는 전 세계 1억 6,600만 명에 달한다. 이해진 GIO는 왓패드 인수 발표 이후 임직원들에게 이메일로 "한정된 기술과 기획 인력을 국내와 해외 중 어디에 집중시킬지 판단했을 때, 외국으로 나가는 게 더 좋은 결정"이라며 "3~5년 뒤 제가 하자고 했던 해외 사업이 망하면 책임지고 물러나겠다"고 강한 자신감을 드러내기도 했다. 글로벌로 뻗어나가고 있는 K-콘텐츠 열풍과 전선을 글로벌로 넓히고 있는 네이버의 행보에 시장은 주목하고 있다.

한국의 소프트웨어가 전 세계를 사로잡다

국민 메신저가 된 '카카오톡'을 보유한 카카오도 네이버와 같은 고민에 빠져 있었다. '그래서 뭘로 돈을 벌지?' 2010년 말 첫 번째 수익모델이 가동된다. 카카오톡에 탑재된 '선물하기'다. 카카오는 '상품'이 아닌 '선물'과 '감정의 전달'을 앞세운 서비스라고 표현했다. 파리바게뜨, 던킨도너츠, GS25 등의 기프티콘을 보내는 방식이었다. 사업초 15개 브랜드, 100여 개 제품이 입점되어 있던 제휴브랜드(2020년

8월 기준)가 8천 개까지 늘었다. 하지만 수익원이라고 하기엔 뭔가 부족했다.

여러 아이디어 중에 게임은 원 오브 뎀(one of them)이었다. 김범수 의장 등 게임에 능숙한 이들이 있었지만 모바일 게임에는 확신이 있지 않았다. 카카오는 "당시 막강한 시장 지배력을 갖고 있던 메이저 게임사들은 '작은' 모바일 서비스 기업인 카카오가 게임 비즈니스를 꾸려 나갈 역량을 갖췄는지 의심했다. 여름이 끝나갈 무렵, 카카오는 운영 리소스 등 여러 정황을 고려해 게임사업 관련 권한을 메이저 게임사들에게 임대하는 것으로 사업 방향성을 잡았다"고 했다. 모바일 게임에 새로운 기회가 있다는 것을 알면서도 기존 PC게임 강자들은 카카오가 내민 손을 선뜻 잡지 않았다. 7개 게임사에 읍소 끝에 겨우 10개 게임을 공급받은 카카오는 우여곡절 끝에 사업을 시작한다.

출시 이후 뜨뜻미지근한 반응에 초조해하던 찰나 '애니팡'이 대박을 터뜨렸다. 카카오게임이 세상에 공개된 지 한 달 만에 12개의 게임 중에 1위인 '애니팡'을 포함해 8개가 모바일게임 시장을 휩쓸었다. 카카오는 2013년 2,108억 원의 매출과 658억 원의 영업이익을 기록했다. 전년 대비 각각 3.5배, 8.5배가량 늘어난 수치였다. 카카오는 이 같은 실적을 거두고 난 뒤 "'플랫폼 효과'의 실체와 막강한 힘이 증명되며 게임 사업뿐만 아니라 카카오 전반에 관한 재평가가 시작되었다"고 평가했다.

김범수 의장은 일찌감치 '콘텐츠'가 미래 먹거리가 될 것이라고 봤다. 그는 두 가지 'C'에서 큰 변화가 있을 거라는 예상을 했다고 한다.

하나는 '전화나 PC 메신저, 문자, 이메일 등으로 분절되어 있던 커뮤니케이션(Communication) 수단이 모바일에서 통합되면서 기회가 있을 것.' 전 국민 앱이 된 카카오톡이 이를 증명했다. 나머지 하나는 '앱스토어 생태계에서 콘텐츠(Content) 혁명이 있을 것'이란 것이었다.

유료 콘텐츠 장터를 표방한 카카오페이지는 콘텐츠 시장의 변화를 내다본 도전이었다. 카카오톡에 역량을 집중하는 동안 콘텐츠 비즈니스는 포도트리라는 법인을 따로 떼어내 추진했다. 2013년 4월에 출시되었지만 얼마 지나지 않아 하루 매출이 10만 원에 불과한 '망한 앱'으로 전락하기 시작했다. 실패를 인정한 이들은 재빨리 전략을 수정했다. 유료 콘텐츠시장을 만들겠다는 목표를 달성하기 이전에 카카오페이지로 사용자들을 끌어들이는 것이 급선무였다. '달빛조각사' '묵향' 등 인기 장르소설과 '하백의 신부' '진격의 거인' '열혈강호' 등 만화 콘텐츠를 선보이자 꺼진 불씨가 살아났다. 불씨에 본격적으로 불을 붙인 것은 2014년 10월 선보인 '기다리면 무료'라는 비즈니스 모델이었다. 결제하지 않더라도 일정 시간이 지나면 게임 아이템인 '하트'를 채워주고, 기다리기 싫으면 하트를 구매하는 애니팡의 방식을 가져온 것이었다.

일본 시장에서 고사 직전이었던 카카오재팬을 살려낸 것도 결국 콘텐츠의 힘이었다. 라인에 밀려 고전을 면치 못하던 카카오톡이 뚫어내지 못한 일본에서 유료 콘텐츠 플랫폼을 출시한 지 1년 반 만에 평정했다. 그 이름은 '픽코마.' 카카오톡의 후광 없이 '기다리면 무료'라는 사업모델을 일본에 적용한 것이 적중했다. 기다리면 무료는 만화를 여러 편으로 쪼갠 뒤 한 회차를 보고 하루를 기다리면 다음 회차를 무료로 볼 수 있는 시스템이다. 기다림을 참을 수 없다면 돈을 내고 다음편을 봐야 한다. 1년 반 만에 하루 방문자 100만 명, 월평균 방문자 250만 명, 작품 수 1,350개를 담은 거대 콘텐츠 플랫폼이 되었다.

유료 콘텐츠 시장에 첫 발을 내딛자마자 실패의 쓴 맛을 본 카카오페이지는 현재(2021년 10월 말 기준) 8,500여 개의 웹툰·웹소설 IP(지식재산)를 보유한 콘텐츠 업계 공룡으로 성장했다. 카카오페이지는 영상제작업체 카카오엠과 합병해 웹툰·웹소설 IP와 영상 콘텐츠가 시너지를 낼 수 있는 카카오엔터테인먼트로 다시 태어났다.

검색과 메신저로 출발한 네이버와 카카오지만 현재 투자자들이 가장 주목하는 분야는 두 회사의 콘텐츠 분야 성장성이다. 아카데미를 물들인 봉준호 감독의 영화 〈기생충〉, 빌보드를 휩쓴 BTS, 넷플릭스전 세계 1위에 오른 〈오징어게임〉에서 확인했듯이 K-콘텐츠의 힘은 갈수록 막강해지고 있다. '소프트파워'란 개념을 처음 제시한 미국의 석학인 조지프 나이 하버드대 석좌교수는 말했다. "한국의 소프트웨어가 전 세계를 사로잡고 있다."

위기는
반드시 찾아온다

탄탄대로만 달려왔을 것 같은 네이버와 카카오도 위기를 피해갈 수는 없었다.
하지만 실패를 모르고 질주하는 기업은
반드시 더 큰 위기를 맞이하기 마련이다.

'모바일서 6세 카카오에 밀린 네이버'

2012년 12월 13일자 한 조간 신문 기사의 제목이다. 국내 1위 포털 사이트인 네이버가 모바일 시대에 제대로 대응하지 못하고 있다는 점을 꼬집은 기사였다.

이 기사에서 비교한 것은 스마트폰 사용자들이 네이버와 카카오의 앱을 이용하는 비율이었다. 당시 코리안클릭이 조사한 11월 모바일 앱 이용 리포트에 따르면 네이버는 10위에 이름을 올렸다. 반면 카카오톡은 구글의 마켓 앱에 이어 2위를 차지했다. 카카오스토리도 4위에 포진해 있었다. 조사 기간 동안 스마트폰 이용자들의 카카오톡 앱 이용률은 93.98%에 달했다. 스마트폰 이용자 대부분이 활용하고 있는 셈이다. 네이버는 54.96%에 불과했다. 네이버가 모바일 검색광고로 벌어들이는 돈이 한 달에 100억 원 수준이었다면, 카카오톡이 모바일 게임으로 벌어들이는 돈은 400억 원 수준인 것으로 나타났다.

모바일 시대에 뒤처진 네이버

PC 시장에서 독보적인 존재감을 보인 네이버였지만 모바일 시대에 빠르게 안착하지는 못했다. 그 와중에 검색 광고의 수익은 주춤한 데다 게임 부문 매출이 줄면서 이익은 뒷걸음질쳤다. 그해 이해진 당시 NHN 최고전략책임자(CSO)는 직원들에게 "NHN을 동네 조기 축구 동호회쯤으로 알고 다니는 직원이 적지 않다"고 쓴소리를 가하기도 했다. 그러면서 "요즘 NHN은 게임과 서비스 출시도 늦고 엣지(독창성)가 없다는 이야기가 들린다"며 "매일 아침 구글, 애플 등 글로벌 IT기업들과 경쟁사들이 새로운 서비스를 내놓았다는 뉴스를 볼 때마다 스트레스를 받는다"고 지적했다. "이용자의 요구를 악착같이 파악해 독하게 추진하는 기업이 결국 이겼다" "다윗이 골리앗을 이길 수 있는 유일한 힘은 집중과 속도뿐이다" "사내 게시판에서 '삼성에서 일하다가 편하게 지내려고 NHN으로 왔다'는 글을 보고 너무 기가 막히고 억장이 무너졌다" 등의 발언을 통해 위기감도 높였다. 이듬해에도 김상헌 당시 네이버 대표는 컨퍼런스콜에서 "PC 기반이 흔들리면서 위기의식이 공존하고 있으나, 모바일 환경 변화에 주도적으로 대응할 계획"이라며 "이용자들의 이해와 요구를 파악하지 못하고 경쟁력 있는 서비스를 제공하지 못하면 도태될 수도 있다"고 위기감을 나타냈다. 체제 변환에 성공하지 못하면 아무리 1위 자리를 차지하고 있어도 금세 도태될 수 있다는 인식이 이처럼 곳곳에서 감지되었다. "모바일에서 네이버는 아무것도 아니다. 없어질 수도 있다"(이해진), 2014년 강원 춘천연수원에서 1박 2일간 열린 임원 워크숍에서 네이버 수장의 발언은 수위가 더욱 높아졌다.

네이버가 쌓아올린 신뢰가 흔들리는 순간도 있었다. 2016년 10월 한국프로축구연맹 관계자가 네이버 스포츠의 고위 관계자에게 문자 메시지를 보내 "단체에 불리한 기사를 보이지 않게 해달라"고 청탁을 했고, 실제 요청에 따라 기사 재배열이 이뤄진 사실이 드러난 것이다.

| 네이버의 국가별 가입자 현황 |

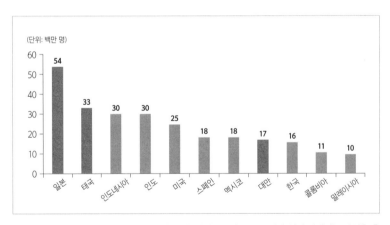

지난 2014년 10월 기준 국가별 가입자 현황이다. 카카오톡의 독주를 막기 위해 네이버는 라인을 출시했지만 국내에선 성공하지 못했다.

출처: 네이버, 흥국증권 리서치센터

네이버가 단순 뉴스 콘텐츠를 전달하는 플랫폼이 아니라 수년간 이를 자신들이 원하는 대로 가공하고 있다는 추측이 제기된 적은 있었지만 사실로 밝혀진 것은 처음이었다. 그만큼 파장은 컸다. 네이버는 곧장 뉴스를 자동 배열하겠다는 대책을 들고 나왔다. (뉴스 배열을 조작한 당사자는 뉴스 편집을 대가로 금품이나 향응을 받지는 않았다는 이유로 정직 1년의 내부 징계가 내려졌다.)

카카오톡의 독주를 막아서기 위한 네이버의 반격도 '라인' 이전엔 쓰라린 실패를 맛봤다. 네이버는 2011년 2월 카카오톡에 맞서 '네이버톡'을 출시했다. 대대적인 마케팅도 펼쳤다. 카카오톡이 스마트폰 이용자들만 이용할 수 있는 앱이었다면 네이버톡은 일반 휴대전화에서도 사용할 수 있도록 했다. 웹과 모바일 환경의 제약을 뛰어넘어 누구나 자유롭게 대화하고 정보를 공유할 수 있다는 점을 부각시켰다. 앱이 설치되지 않은 컴퓨터에서도 네이버에 로그인만하면 사용할 수 있도록 했다. 포털 1위 네이버의 든든한 지원을 받았지만 당시 카카오톡 사용자(1,700만 명)에 한참 못미치는 300만 명의 회원을 확보하는 데 그쳤다. 업계에선 "지나치게 다양한 기능으로 인해 잦은 시스템 충돌 현상이 발생한 것이 원인"이라고 분석했다. 단순하고 가벼운 카카오톡에 익숙해진 사용자들은 네이버톡이 '어렵고 복잡하다'고 사용하지 않았다. 네이버톡의 실패를 반면교사 삼아 네이버는 카카오톡과 유사한 방식의 '라인'을 다시 출시한다. (국내에선 이미 카카오톡이 선점한 모바일메신저 시장을 뺏어오는 데 실패했지만 일본 등 세계 여러 나라에서는 글로벌 메신저로 거듭났다.)

카카오톡이 멈추자 대한민국이 멈췄다

모바일시대에 제대로 적응하지 못했던 네이버를 비판한 기사가 등장한 2012년, 그렇다고 카카오가 마냥 맘이 편했던 것만은 아니다. '6천만 명이 쓰는 카카오톡, 3시간 동안 먹통'이라는 기사가 지상파 메인뉴스에 등장했다. 추석에 벌어진 카카오톡 먹통사태는 온세상을 시끄럽게 했다. 카카오톡 접속에 문제가 생기자 답답해진 이용객들은 네이버 검색창에 '카카오톡'을 검색했다. '카카오톡'이 네이버 실시간 검색어 1위에 오른 이유다.

카카오톡은 나날이 사용자가 늘어가자 고민에 빠졌다. 카카오톡의 생명은 속도. 하지만 폭증하는 대화량을 감당하기 버거운 순간들이 수시로 찾아왔다. 한 카카오 관계자는 "대부분의 IT서비스들이 점검 등을 이유로 주기적인 서비스 중단 시간을 갖는 것과 대조적으로 카카오톡이 24시간 365일 '풀가동'되는 데 어려움의 원인이 있다"고 털어놨다. 연말연시 같은 경우에는 언제 발생할지 모르는 사태에 대비해 늘 초긴장 상태로 근무해야 했다.

| 온국민 메신저의 함정 |

카카오톡이 온국민이 사용하는 국민 메신저로 성장하는 과정엔 잇딴 먹통 사태로 곤혹스러운 순간도 있었다. 카카오톡이 멈추면 대한민국이 멈춘다는 얘기는 지금도 유효하다.

출처: 카카오

2012년 4월 28일에는 전력 문제로 인해 접속 장애가 일어났다. 일요일인 5월 20일에는 굴착공사 중 통신선로가 끊어지는 사고로 서비스가 멈춰서기도 했다.

또 다른 일요일이었던 6월 10일에는 카카오스토리 서비스가 중단되는 사태도 있었다. 카카오톡 먹통사태는 여전히 숙제로 남아 있다. 카카오에선 "온 국민이 카카오톡을 사용하게 되면서 상당한 수준의 사회적 책임과 역할도 요구되고 있다"며 "혹자는 이에 관해 '공공기관에 준하는 역할을 요구받는 사기업'이라고 표현하기도 한다"는 얘기가 나올 정도였다. "우리는 '서비스가 흔들리면 온 국민의 일상성이 깨진다'는 무거운 책임을 당연한 것처럼 받아들이고 일해요. 작은 문제에도 남들보다 더 혼난다고 생각하는 이유죠. 받고 있는 사랑에 걸맞은 책임과 품질을 요구받는 겁니다."

대한민국에서만 큰 사랑을 받는 것이 때론 치명적인 약점이 되었다. 카카오에게 '내수용'이란 꼬리표가 따라붙었던 이유다. 해외진출을 노력하지 않은 것은 아니다. 하지만 쉽사리 성공하지 못했다. 카카오재팬의 실패사례가 대표적이다. 2012년 야후재팬과 손을 잡고 대대적인 마케팅을 펼치며 일본 시장을 공략했지만 결과는 만족스럽지 못했다. 네이버 라인이 먼저 시장을 장악한 탓이다.

결국 2년 만에 야후와 결별했다. 일본뿐만이 아니었다. 태국, 말레이시아, 인도네시아 등에서도 일본 진출 방식과 같은 합작법인 형태로 사업을 시작했지만 라인과 위챗의 벽에 가로막혔다. (카카오는 이후 인수합병 등을 통해 해외로 사업을 확장중이지만 국내에서 카카오톡이란 모바일

메신저가 뿌리를 깊게 내리고 기둥역할을 하고 있는 것만큼 강력한 시너지를 내긴 어렵다.)

강력해진 카카오 플랫폼의 영향력은 곳곳에서 이해관계자들의 반발에 부딪히기도 했다. 여론의 힘에 밀려 사업이 좌초되기도 했다. 2018년 겪었던 카풀 사태가 대표적이다. 카카오모빌리티는 카풀 앱을 운영하는 '럭시'를 인수해 카풀 서비스를 출시할 예정이었다. 하지만 택시업계의 반발이 상상 이상으로 거셌다. 사회 전체를 집어삼킬 만한 논쟁거리가 되었다. 여론조사기관에선 카풀에 찬성하는지, 반대하는지에 대한 여론조사를 시행할 정도였다.

카풀 서비스에 반발하는 택시업계 종사자들은 택시 운행을 중단하고 카풀 반대 결의대회를 펼치기도 했다. 택시기사 A씨가 여의도 국회 인근에서 분신 자살을 하면서 갈등의 골은 더욱 깊어졌다. 사망 당일 오전 A씨는 "분신이라도 해야지, 이러다가 택시 다 죽는 거 아니냐"는 말을 한 것으로 전해졌다. 유서에는 "카풀요금을 카카오에서 무슨 근거로 책정해서 손님에게 받을 수 있는지 정부는 답변해야 한다"고 적었다. 이 사건을 계기로 택시 파업 등 논란이 계속 확산되자 카카오는 결국 카풀 사업 진출 계획을 철회했다.

탄탄대로만을 달려왔을 것 같은 네이버와 카카오도 위기를 피해갈 수는 없었다. 아무리 기존 포털업체들을 제치고 국내 포털사이트 1위 자리에 올라선 네이버라도 모바일 시대라는 새로운 변화에 제대로 대응하지 못하자 휘청거렸다. 믿음직한 검색 결과로 쌓아온 신뢰가 조작사건 하나로 순식간에 무너지는 경험도 해야 했다.

온 국민의 사랑을 받는 기업이 된 카카오는 완성형 플랫폼이 되기까지 많은 우여곡절을 겪어야 했다. 하지만 실패를 모르고 질주하는 기업은 반드시 더 큰 위기를 맞기 마련이다. 적절한 시기에 맞았던 예방주사가 지금의 네이버와 카카오를 만들어 냈을지도 모른다.

'쩐의 전쟁'
금융에서 맞붙다

기존 플랫폼과의 시너지를 바탕으로 그 진화의 끝을 알 수 없다는 점이
네이버와 카카오의 가장 큰 무기이다.
틀을 깬 이들의 금융 혁명은 지금 이 순간에도 돈의 흐름을 바꾸고 있다.

'새로 쓰는 IT-모바일 역사'

2014년 다음과 카카오가 합병하며 내건 슬로건이었다. 새로운 공룡이 된 다음카카오는 모바일 시장에서 승부수를 던지겠다는 포부도 밝혔다. 합병을 한 달도 채 남기지 않은 상황에서 카카오는 새로운 서비스를 시장에 선보였다. 간편 결제 서비스 '카카오페이'다. 모바일 메신저 카카오톡에 자신의 신용카드 정보를 입력해놓은 뒤 이를 결제수단으로 이용할 수 있도록 했다. 비밀번호 입력만으로 간단하게 결제가 가능한 것이 특징이었다.

카카오 선물하기를 비롯해 GS, CJ, 현대, 롯데, 홈앤쇼핑 등 5대 홈쇼핑과 손을 잡았다. 초반 열기는 뜨거웠다. 열흘 만에 5만 명을 넘었을 정도다. 당시 시간당 2천 명씩 가입자가 증가한 것으로 전해졌다.

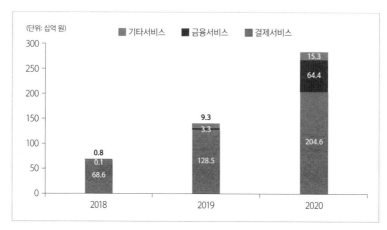

| 카카오페이의 연간 매출 |

(단위: 십억 원)
■ 기타서비스　■ 금융서비스　■ 결제서비스

	2018	2019	2020
기타서비스	0.8	9.3	15.3
금융서비스	0.1	3.3	64.4
결제서비스	68.6	128.5	204.6

국내 최초로 간편결제 서비스를 시작한 카카오페이는 증권, 보험으로 영역을 확장하고 있다.

출처: 카카오페이

(일각에선 '쓸 곳이 없다'는 지적도 있었다. 제휴 카드사와 가맹점을 늘리기 위해 안간힘을 썼지만 가입자 증가 속도를 따라가지 못했기 때문이다.)

　전문가들은 카카오페이 출현에 큰 의미를 부여했다. 본격적인 핀테크(금융과 기술의 합성어) 시대가 개막했다는 평가다. 핀테크는 모바일 결제, 송금, 자산관리, 크라우드 펀딩 등 금융과 IT를 결합한 새로운 융합 서비스를 일컫는다. 모바일 시대가 완벽히 자리잡기 위해선 돈을 쓰고 상품을 구매할 수 있는 결제가 해결되어야 했다. 중국과 미국에서 이미 알리페이, 애플페이 등으로 자리잡고 있었다. 한국은 후발 주자였던 셈이다.

핀테크가 바꾼 내 일상

"장씨는 오전 8시 출근 준비를 하고 현관문을 나서며 카카오 택시로 근처에 있던 택시를 호출한다. 아파트 입구에 도착한 택시를 타고 회사에 도착한 장씨는 카카오 택시의 결제 버튼을 눌러 결제를 완료한다. 점심시간, 장씨는 때맞춰 날아온 회사 근처 파스타집의 반값 할인쿠폰을 보고 점심 메뉴를 결정하고 쿠폰으로 결제한다. 쿠폰을 제시하고 파스타를 주문해 식사를 마친 장씨는 옆 커피숍으로 향한다. 커피를 주문하고 카카오톡 지갑을 실행시키자 커피숍 할인이 되는 카드가 자동으로 선택된다. 장씨는 동료로부터 작년에 투자한 펀드 수익률이 벌써 10%를 넘었다는 이야기를 듣고 카카오 펀드를 실행시켜 펀드를 살펴본다. 누적 수익률도 괜찮고, 가입된 친구 목록을 보니 사내 재테크통으로 알려진 옆팀 박 과장과 김 차장이 가입해 있는 것을 확인하고 투자 버튼을 눌러 완료한다."

2014년 9월 삼성증권이 카카오페이 출범 이후 작성한 보고서에 담긴 사례다. '카카오페이가 그리는 미래 모습'을 상상으로 적어 내려간 글이지만 7년 후 우리가 맞닥뜨린 삶과 크게 다르지 않다.

"신용카드를 들고 다니면서 오프라인 매장에서 결제를 한다. 온라인 결제를 할 때는 공인인증서가 있는 PC에서 신용카드로 결제를 한다. 마음에 드는 상품을 발견하거나, 모바일게임 아이템을 사야 할 때는 통신요금 결제를 한다. 간혹 모바일로 신용카드 결제를 하기도 하지만 신용카드 번호를 입력하고 유효기간과 비밀번호를 넣고 문자로 인증을 받다 보면 조금 짜증이 나기도 한다."

비슷한 시기에 한국투자증권이 낸 보고서에 담긴 2014년 당시 모습은 이랬다. "사람마다 다르겠지만, 국내에서의 소비 생활은 대체로 위와 같을 것"이라며 이 같은 사례를 소개했다. 앞서 소개한 장 씨의 사례가 우리에게 현실로 다가오면서 2014년 당시 짜증이 났던 우리의 모습이 어느새 자취를 감추고 있다.

페이(Pay)시장에선 네이버가 후발주자다. 카카오페이가 출시되고 약 9개월 후인 2015년 6월, 네이버페이가 정식으로 서비스를 시작했다. 이미 포털 시장을 장악하고 있는 만큼 '네이버에서 쇼핑할 땐 네이버페이'라는 마케팅 포인트를 앞세웠다. 네이버 안에서 이뤄지는 결제만 선점해도 절반은 성공이라고 여겼던 것 같다. 카드 간편 결제는 물론, 네이버 아이디만 알아도 돈을 보낼 수 있는 개인 간 송금과 포인트 적립 기능을 탑재했다.

당시 한성숙 네이버 서비스 총괄 이사는 "네이버페이는 이용자들이 네이버를 사용하면서 느끼는 불편한 경험들을 해소하기 위해 치열하게 고민한 결과 중의 하나"라며 "페이 관련 모든 편의성을 하나의 서비스에 녹인 국내 유일한 서비스인 네이버페이를 통해 이용자들이 페이서비스의 진정한 가치를 경험하는 계기가 될 것"이라고 했다.

출시 1년 후 네이버페이는 누적 결제 건수 1억 8천만 건, 누적거래액 2조 5천억 원 등의 성과를 냈다. 업계에선 기존 검색·쇼핑 이용자를 금융 고객으로 전환하는 데 성공했다는 평가가 나왔다.

불붙은 페이전쟁, 편리함에 사로잡히다

같은 시기 카카오페이는 가입자 1천만 명을 넘어서며 순항하고 있었다. 이들이 촉발한 '페이전쟁'으로 모바일간편결제 시장도 쑥쑥 성장했다. 당시 DMC 미디어의 '2016 모바일간편결제 서비스 이용 행태' 보고서에 따르면, 모바일간편결제 서비스 이용 경험률은 80%에 달했다. 이들 가운데 87%는 '편리함'을 사용 이유로 꼽았다.

OO페이는 하루가 다르게 늘어났다. 삼성이 만든 삼성페이, 이마트·신세계백화점의 SSG페이, 롯데그룹의 L페이, 현대백화점의 H월렛, LG전자의 LG페이 등이다. 네이버와 카카오는 '내 손 안의 지갑'이 보편화되자 각자 다른 미래를 그려나가기 시작했다.

카카오는 새로운 개념의 은행으로 승부수를 던졌다. 카카오뱅크는 이미 4,250만 명(카카오뱅크 출범 당시 기준)의 카카오톡 국내 이용자를 잠재적 고객으로 확보하고 있었다. 계좌 개설에 필요한 시간은 단 7분. 카카오톡의 힘과 편리함, 이에 더해 낮은 수수료를 앞세워 출범한 지 32시간 만에 가입자 47만 명을 끌어 모았다. 돌풍은 오래 이어졌다. 카카오뱅크가 출시 1년 반 만에 흑자전환에 성공한 이유다.

카카오페이는 카카오페이증권으로 영토를 넓혀 갔다. 차츰차츰 금융 거래 영역을 넓혀가는 전략을 썼다. 우선 카카오페이 이용자들이 카카오페이증권 계좌을 계설할 경우, 펀드 등으로 금융 거래를 확대할 수 있도록 했다. 자체 모바일트레이딩시스템(MTS)을 개발해 주식 거래까지 가능한 구조를 짰다. 카카오페이에선 대출, 보험과 같은 금

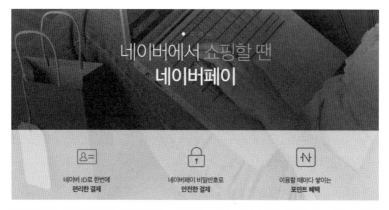

네이버페이는 네이버쇼핑의 힘을 바탕으로 성장하고 있다. 네이버에서 분사한 네이버파이낸셜은 후불결제, 대출 시장에도 뛰어들었다.

출처: 네이버

융상품도 추천했다. 디지털 손해보험사 설립도 목표로 뒀다. 페이-뱅크-증권-보험으로 이어지는 진화과정을 통해 명실상부한 금융그룹의 면모를 갖춰가고 있는 셈이다.

네이버는 2019년 네이버페이를 분사해 네이버파이낸셜을 세웠다. 분사 1년 만에 흑자달성에 성공하자 업계는 놀라움을 감추지 못했다. 온라인 지급결제의 힘이 그만큼 강력하다는 것을 다시 한 번 절감하는 순간이었기 때문이다. 실제 2020년 네이버페이의 연간 결제액은 26조 원에 달했다.

직접 금융업에 뛰어든 카카오와 달리 네이버는 간접 진출을 택했다. 미래에셋증권과 협업한 비대면 종합자산관리계좌(CMA) 네이버통장이 대표적이다. 네이버통장은 출시 초기 저금리 시대에 연 3% 수익률을 내걸어 고객몰이에 나섰다. 네이버페이와 연계해 네이버통장에서 네이버페이 포인트를 충전해 결제하면 결제액의 3%를 포인트로 돌려주는 혜택도 새롭게 제시했다.

네이버파이낸셜은 2021년 4월부터 일정의 신용카드와 같은 '네이버페이 후불결제'를 시범 운영중이다. 먼저 상품을 구매하거나 서비스를 이용한 뒤 결제일에 계좌에서 해당 금액이 자동으로 빠져나가는 구조다. 네이버페이는 대출시장에 뛰어들기 위해 모회사인 네이버로부터 스마트스토어 입점 업체의 데이터를 가져와 신용평가모형을 개발하기도 했다.

2021년 11월 카카오페이가 유가증권시장에 상장하면서 금융플랫폼으로 거듭난 두 공룡에 대한 시장의 기대감이 한층 높아졌다. 증권업계에선 IPO(기업공개)를 앞둔 카카오페이를 두고 '전통적인 밸류에이션 지표로 설명할 수 없는 기업'이라는 평가를 내놨다. 성장성과 확장성 측면에서 금융업종에 속한 종목을 평가하는 밸류에이션으로는 카카오페이의 가치를 설명할 수 없다는 이유에서다.

카카오와 달리 글로벌로 진작 사업을 확장한 네이버의 경우, 아시아 핀테크 시장에서 존재감을 높이고 있다는 점이 장점으로 꼽힌다. 이미 일본시장에서 라인파이낸셜(인터넷전문은행, 암호화폐), 라인페이(간편결제)를 통해 안착에 성공했다. 2021년 6월 인도네시아에서도 라인뱅크가 영업을 시작하면서 태국, 대만, 인도네시아 등 동남아 핀테크 시장도 선점했다.

금융업을 집어삼킨 이들에 대한 규제가 단발적으로 시행되기 시작했지만 두 회사의 성장에 대해 의심하는 이들은 드물다. 기존 플랫폼과의 시너지를 바탕으로 그 진화의 끝을 알 수 없다는 점이 가장 큰 무기이기 때문이다. 틀을 깬 이들의 금융 혁명은 지금 이 순간에도 돈의 흐름을 바꾸고 있다.

플랫폼의 마지막 퍼즐,
그것이 궁금하다

메타버스, 블록체인, 클라우드 등은 거스를 수 없는 차세대 기술이다.
네이버와 카카오뿐만 아니라 글로벌 빅테크들이 너도나도 뛰어든 이유다.
두 플랫폼 공룡의 진짜 경쟁은 이제부터 시작이다.

"카카오 콘텐츠 생태계와 더 넓은 글로벌 시장을 연결하고, 차세대 기술경쟁력 확보에도 앞장설 것입니다." 여민수 카카오 대표는 2021년 3분기 사상 처음 네이버의 분기 매출을 넘어서는 실적을 발표하며 이처럼 말했다. 카카오는 연결 기준 3분기 매출과 영업이익이 각각 1조 7,408억 원, 1,682억 원을 기록했다. 네이버 역시 역대 최고 실적(매출 1조 7,273억 원, 영업이익 3,498억 원)을 냈지만 카카오가 이를 넘어섰다. 인터넷 업계에서 후발주자인 카카오가 네이버 매출을 넘어선 것은 네이버 전신 NHN이 2003년 다음을 끌어내리고 1위에 올라선 이후 처음이다.

국내 업계를 장악한 카카오의 최대 과제는 글로벌화다. 일찌감치 일본 등 해외로 무대를 넓힌 네이버와 달리 카카오에겐 늘 '내수기업'이란 꼬리표가 따라붙었다. 여민수 대표가 '더 넓은 글로벌 시장을 연결하겠다'고 밝힌 것도 이 때문이다. 게임, 웹툰 등의 콘텐츠를 무기로 장착한 카카오의 입장에선 이른바 'K-콘텐츠'가 글로벌에서 호평을 받고 있는 것이 절호의 기회다. 일본 웹툰 시장에서 독보적인 1위 자리를 고수하고 있는 픽코마가 선봉장이다.

글로벌 앱 데이터 분석 업체 앱애니에 따르면 픽코마는 2021년 2분기 구글 플레이스토어, 애플 앱스토어 등에서 1억 2천만 달러의 매출을 기록했다. 라인망가(5천만 달러)보다 2배 이상 큰 규모다. 픽코마는 일본 시장에서 성공한 노하우를 바탕으로 프랑스 등 유럽에서 신규 플랫폼을 출시할 계획이다. (프랑스 디지털 만화 시장에선 네이버가 1위를 차지하고 있다.) 북미 시장 공략을 위해 북미 웹소설 플랫폼 래디쉬와 북미 웹툰 플랫폼 타파스를 인수하기도 했다. 골목상권을 벗어나 스토리로 시장을 확대하겠다는 전략이다.

이미 2021년 6월 태국 디지털 만화 시장에 진출한 카카오는 3개월 만에 매출 1위에 오르는 성과를 냈다. 시장에선 글로벌로 전선을 넓힌 카카오가 2022년 본격적인 실적을 거두기 시작할 것으로 봤다. 카카오의 미래가 더욱 기대되는 이유 중 하나다.

AI를 미래 먹거리로 낙점한 카카오

카카오의 또 하나의 축은 차세대 기술이다. 김범수 카카오 의장은 직접 인공지능 전문 연구 자회사 '카카오브레인'을 이끌며 신기술에 대한 애정을 보였다. 카카오의 인공지능(AI) 기술 개발은 AI 스피커에서 출발했다.

이미 아마존 알렉사 등과 같은 AI 스피커가 해외에서 출시되어 큰 호응을 얻고 있었다. 후발주자인 카카오는 AI 스피커 개발에 6개월이란 데드라인을 정했다. 카카오미니로 이름 붙여진 스피커는 첫 판매분으로 준비한 1만 5천 대가 9분 만에 완판되는 성공을 거뒀다. AI 스피커의 기반이 된 음성인식 기술(카카오i)은 자동차(현대차), 집안(포스코건설)으로 사용 영역이 확대되었다.

카카오 사내에 만든 AI랩은 2019년 기업형 IT 플랫폼 전문 자회사인 카카오엔터프라이즈로 새롭게 탈바꿈했다. AI랩은 인공지능, 챗봇 기술 등을 개발해왔다. 카카오엔터프라이즈는 '모든 것에 AI를 더해

| 카카오미니 |

카카오 AI 스피커 카카오미니의 모습. 카카오는 AI를 미래먹거리로 공략하고 있다.

출처: 카카오엔터프라이즈

연결하고, 문제를 해결하고, 새로운 가치를 창조한다'는 기치를 내건 기술 전문 기업이다. 개인과 기업, 기업과 기업을 연결하는 새로운 기술과 환경을 선보이는 게 목표다.

카카오는 블록체인 기술에도 공을 들이고 있다. 블록체인이 새 성장동력이 될 수 있다고 봤기 때문이다. 이를 위해 카카오의 블록체인 자회사 그라운드X를 설립해, 가상화폐 클레이를 시장에 내놨다. 클레이를 탄생시킨 것은 블록체인 플랫폼 '클레이튼'이다. 가상자산 지갑 클립(Klip)을 통해 가상자산 생태계 확장에도 속도를 내고 있다. 업계에선 그라운드X를 김범수의 '세 번째 창업'으로 칭하고 있다. 그만큼 김범수 의장이 블록체인을 차세대 먹거리로 키우겠다는 의지가 강하다는 의미다. 실제 싱가포르에 있는 블록체인 관련 자회사를 확대 개편하기도 했다.

최근 들어선 메타버스에 부쩍 힘을 주기 시작했다. 카카오엔터테인먼트가 넷마블 메타버스 자회사에 전략적 투자자로 참여한 것이 대표적이다.

메타버스를 선점한 네이버

네이버는 일찍이 메타버스를 신성장 동력으로 삼았다. 카카오가 2021년 3분기 실적 발표 컨퍼런스콜에서 "카카오 공동체 역량을 집중시켜 다가올 메타버스(3차원 소셜미디어) 시대에 준비하고 있다"고 밝힌 것을 감안하면 메타버스 분야에 있어선 두 회사 간 격차가 상당하다는 것을 알 수 있다.

네이버는 제페토를 통해 가상세계를 선점했다. 제페토를 본격적으로 성장시키기 위해 2020년 네이버의 자회사 스노우에서 있던 제페토 사업부를 독립 법인으로 분사시켰다. 제페토의 글로벌 다운로드 수는 2억 8천만 회(2021년 11월 기준)에 달한다. 제페토 가입자의 80%가 10대다. 젊은 세대를 중심으로 확산되고 있는 미래 먹거리로서의 역할을 톡톡히 해내고 있다는 평가다.

제페토는 메타버스라는 가상세계에서 아바타를 통해 현실과 같은 일상을 경험할 수 있도록 만든 플랫폼이다. 그곳에서 아바타를 통해 다양한 교류를 하고, 콘텐츠를 만들어내거나 거래와 소비도 이뤄진다. 이동륜 KB증권 연구원은 제페토가 "이용자에게 새로운 소통의 즐거움을 주고 수익 창출 가능한 창작자의 역할 제공으로 선순환 구조를 만든다"고 평가했다. 이미 구찌, 디올 등과 같은 명품 브랜드뿐만 아니라 나이키, MLB 등의 스포츠웨어까지 제페토와 손을 잡았다. 패션뿐 아니라 메타버스를 필요로 하는 유통, 제조업, 금융, 컨벤션 산업까지 뻗어나가고 있다.

'클라우드' 역시 네이버의 전체 사업영역 가운데 초고속성장을 하고 있는 분야로 꼽힌다. 증권업계에선 2021년 3,923억 원 수준의 클라우드 매출이 다음해 7,104억 원으로 커질 것으로 내다봤다. 2023년까지 매출의 80%를 재투자해 아마존, 마이크로소프트에 이어 아태지역 점유율 3위 사업자에 오르는겠다는 청사진을 제시하기도 했다.

네이버가 클라우드 시장에 출사표를 던진 것은 아마존, 구글, 마이크로소프트 등 해외 빅테크들이 국내 시장을 잠식하고 있었기 때문이다. 네이버는 자회사 네이버비즈니스플랫폼(NBP)을 '네이버클라우드'로 이름을 바꿔 2017년 클라우드 사업을 본격적으로 시작했다. 네이버클라우드의 핵심 가치는 검색, 쇼핑, 메신저, 동영상, 게임 등 서비스를 직접 개발·운영하며 쌓은 네이버의 다양한 기술과 비즈니스 노하우를 네이버클라우드의 솔루션에 접목해 고객들에게 제공하는 것이다. 네이버클라우드는 2017년 이후 매년 약 40%씩 성장해왔다.

| 네이버 데이터센터 |

강원도 춘천에 위치한 네이버 데이터센터 전경. 네이버는 구글, 아마존 등에 맞서 클라우드 시장에 출사표를 던졌다.

출처: Ncloud 홈페이지

특히 사업 초기 22개였던 상품 포트폴리오는 4년 만에 18개 카테고리 189개의 상품으로 급증했다. 이 기간 동안 고객사는 5만 곳으로 늘었다. 국내 100대 기업 가운데 55%가 네이버클라우드를 사용하고 있다는 게 회사 측 설명이다.

세계 최고 수준의 데이터 인프라를 갖추기 위해 세종에 총면적 29만 3,697m²에 달하는 데이터센터 '각 세종'을 조성중이다. 이미 춘천에 설립한 제1데이터센터 '각 춘천'보다 6배 이상 크다. '각 세종'에는 최소 10만 대 이상의 서버를 구축하고 운영할 수 있는 것으로 전해진다.

메타버스, 블록체인, 클라우드 등은 거스를 수 없는 차세대 기술이다. 네이버와 카카오뿐만 아니라 글로벌 빅테크들이 너도나도 뛰어든 이유다. 네이버와 카카오의 주가에는 현재까지 거둔 기업의 성과와 함께 이들이 펼쳐나갈 미래 성장성에 대한 기대감이 더해져 있다. 두 회사의 무기는 국내를 장악한 플랫폼과 여기서 파생되는 다양한 사업들이다. 웹툰, 게임 등의 콘텐츠 경쟁력은 물론, 앞서 소개한 신기술들의 성패가 두 회사의 주가그래프의 모양을 결정지을 것이다. 어쩌면 국내를 넘어 글로벌로 뛰쳐나간 두 플랫폼 공룡의 진짜 경쟁은 이제부터가 시작인지도 모르겠다.

플랫폼의 장점은 누구에게나 열려있다는 점이다. 제품과 서비스를 소비자와 연결해줄 수 있다면 시장은 무궁무진하다. 내 집에 방치되어 있던 중고제품에 새로운 생명을 불어넣고, 내가 사랑하는 아티스트와 소통할 수 있는 것처럼 말이다. 현실을 넘어 나의 아바타가 뛰어노는 가상세계도 플랫폼이 있어 가능해졌다. 명품을 사서 입히고, 여행을 갈 수도 있다. 이렇게 우리 곁으로 조금 더 새로운 이들이 찾아왔다. 그들의 이야기를 4장에 담았다.

조금 더 새로운
녀석들이 온다

가상이 곧 현실, 이미 시작된 메타버스 세상

메타버스는 제2의 인터넷의 등장과 같은 파괴력을 지녔을지도 모른다.
인프라, 하드웨어, 소프트웨어와 콘텐츠 등 전산업이 들썩이는 이유다.
메타버스의 대항해는 이미 시작되었다.

'내 안에 또 다른 내가 있다…' 해리성 정체감 장애는 영화 속 단골 소재다. 우리에게는 이중 인격 혹은 다중 인격이라는 이름으로 더욱 익숙하다.

그들은 자아가 여럿으로 분리된 탓에 하나의 정체성으로 살아가는 데 어려움을 겪는다. 〈지킬 앤 하이드〉〈블랙스완〉〈23 아이덴티티〉 등 다양한 주인공이 자신 안에 존재하는 또 다른 인격과 부딪히며 흥미진진한 스토리를 이어간다. 때론 코믹적인 요소로 해리성 정체감 장애를 활용하기도 한다. 한때 〈개그콘서트〉에서 등장했던 '다중이' 캐릭터가 그렇다.

본격 개막한 메타버스 시대

2021년은 본격적으로 '다중이 시대'가 개막한 해로 꼽힌다. 가상을 의미하는 메타(Meta · 초월, 가상)와 세계를 의미하는 유니버스 (Universe · 세계, 우주)의 합성어인 '메타버스'가 우리 일상에 스며들기 시작했기 때문이다. 가상현실에 존재하는 나의 아바타는 나와 다른 인격을 지닌다. 현실에선 수줍고 소극적이지만 메타버스 세상에서의 나는 자신감이 넘치고 당찬 또 다른 사람이 된다. 되도록 기존의 나와 완전히 다른 내 분신이 존재하길 바라는 이들도 있다. 새로운 메타버스 세상에 대한 기대감이 전 세계에서 고조되는 이유다.

메타버스가 등장부터 세간의 주목을 받은 것은 아니다. '메타버스' 라는 용어가 처음 등장한 것은 1992년 미국 SF소설가 닐 스티븐슨의 소설 『스노우 크래쉬(Snow Crash)』에서였다. 소설 속에선 '그는 컴퓨터가 만들어내서 그의 고글과 이어폰에 계속 공급해주는 가상의 세계에 들어가게 되는 것이었다. 컴퓨터 용어로는 '메타버스'라는 이름으로 불리는 세상이었다…(중략)…그들은 빌딩들을 짓고, 공원을 만들고, 광고판들을 세웠다. 그뿐 아니라 현실 속에서는 불가능한 것들도 만들어냈다'는 부분에서 메타버스라는 단어를 사용했다. 컴퓨터가 만들어낸 가상의 세계 정도의 의미였다.

하지만 이후 메타버스는 크게 주목받지 못했다. 현실과 분리된 가상세계는 영화나 소설, 게임 속에 등장하는 소재 정도로 쓰였다. 지금처럼 현실과 가상세계가 연결될 것이라고 여기는 이들이 많지 않았기 때문이다.

메타버스에 대한 용어 정의가 이뤄진 것도 오래되지 않은 일이다. 비영리 기술단체인 ASF는 2007년 메타버스에 대해 "가상적으로 강화된 물리적 현실과 물리적으로 지속되는 가상 공간의 융합"이라고 정의했다. 이어 미국전기전자학회(Institute of Electrical and Electronics Engineers)는 "지각되는 가상세계와 연결된 영구적인 3차원 가상 공간들로 구성된 진보된 인터넷"이란 해석을 내놨다.

코로나19, 가상세계를 앞당기다

코로나19 사태는 메타버스 시대를 앞당겼다. 비대면 시대에서 나를 대신해 대면할 존재가 필요했기 때문이다. 하지만 코로나가 만든 단순한 유행이라고 치부하기엔 메타버스를 평가절하하는 느낌이 든다. 어느새 메타버스는 일상이 되었고, 단순히 놀이를 넘어 경제활동이 이뤄지는 또 하나의 세상으로 자리매김했기 때문이다. 전문가들 사이에서 메타버스가 인터넷 이후의 최대 혁명이라고 평가되는 이유다.

광고회사 포스터스코프의 이노베이션 디렉터 클레어 킴버는 메타버스를 "수백만 개의 디지털 은하로 구성된 우주"라고 했다. 실제 2020년 9월 그룹 방탄소년단(BTS)은 에픽게임즈의 배틀로얄 게임 '포트나이트'의 파티로얄 모드 속에서 히트곡 '다이너마이트'의 안무 버전 뮤직비디오를 처음 공개했다.

포트나이트에서 공개한
'다이너마이트' MV
유튜브 영상

사람들은 게임 속 가상 공간에서 자신의 아바타로 BTS 춤을 따라 추며 새로운 놀이문화를 즐겼다. YG엔터테임먼트는 걸그룹 블랙핑크의 팬사인회를 메타버스 세계에서 진행했다. 미국 UC 버클리대학 학생들은 코로나19 사태로 졸업식이 불가능해지자 마이크로소프트가 만든 게임 마인크래프트 속에 캠퍼스를 만들고 아바타가 참석하는 가상의 졸업식을 열었다.

편의점업체 CU는 네이버가 만든 메타버스 플랫폼 제페토에 CU 제페토 한강점을 열었다. 아바타들은 이곳에서 라면을 끓이고 커피를 내렸다. 미래에셋증권은 제페토 안에 가상 지점을 만들고 계좌개설이 가능하도록 했다. 아바타들을 위한 명품 시장은 전 세계 패션 기업에게 새로운 시장으로 떠올랐다. 페이스북 등의 기업들은 가상 공간에서 아바타를 통해 소통하고 회의를 진행할 수 있는 시스템을 구축했다. 일과 놀이, 경제활동 등이 메타버스 공간에서 이뤄지는 셈이다.

꿈을 현실로 만들었다, 폭발하는 시장

대세가 된 메타버스는 익숙하면서도 새롭다. 많은 것들을 포괄하는 개념이기 때문이다. ASF는 서비스를 구현하는 공간과 정보의 형태에 따라 메타버스를 4가지 형태로 구분한다. 증강현실(Augmented

Reality), 가상세계(Virtual Wold), 거울세계(Mirror World), 라이프로깅(Life logging) 등이다.

증강현실은 가상 물체를 증강기술을 통해 마치 실제처럼 보이도록 만든 세계다. 증강현실 게임 포켓몬고나 스마트폰으로 밤하늘의 별을 비추면 별자리 이름과 위치를 알려주는 '스카이 가이드'가 대표적이다.

거울세계는 현실이 재현된 가상의 공간에서 같은 경험을 할 수 있는 공간이다. 현실을 그대로 묘사하지만 구글 어스처럼 정보를 가상세계에 담고 있다.

라이프로깅은 인스타그램, 페이스북처럼 일상적인 경험과 정보를 텍스트, 이미지, 영상 등으로 기록해 저장하는 환경을 의미한다. 여기에 제페토 등과 같은 가상세계가 메타버스라는 용어 안에 모두 포함되어 있다. 과거에는 이같은 개념들이 각기 따로 발전해왔다면 지금은 이들이 하나의 개념으로 합쳐서 진화하고 있다.

메타버스의 폭발력은 지속 가능한 세상에서 실시간으로 현실세계와 연결되어 현실과 같은 경제 활동이 이뤄진다는 데 있다. 메타버스가 현실의 부족한 부분을 채워주는 옵션이 아니라 현실과 하나로 움직이는 단일 세계로 자리 잡고 있어서다. 인터넷의 등장이 우리의 삶을 송두리째 바꿔놓았듯 메타버스가 미래 삶의 방식을 바꿔놓을 가능성이 높다.

이 때문에 글로벌 컨설팅 기업 프라이스워터하우스쿠퍼스(PwC)는 지난해 957억 달러(약 110조 원)이던 메타버스 관련 시장이 오는 2030년까지 939% 성장해 총 1조 5,400억 달러에 이를 것이라고 내다봤다.

엔터테인먼트 산업에서 시작해 교육, 의료, 정치 등 사회 전반에 침투할 것이란 분석이다.

엠바제인 맥키넌리 디지털렉스 최고경영자(CEO)는 메타버스에 대해 "삶의 모든 부분에 걸친 완전하게 상호적인 현실 공간"이라며 "그동안 꿈꿨지만 실현되지 못했던 사람들 사이의 연결조직"이라고 평가했다.

특히 '로블록스'는 메타버스 대표주자로 떠올랐다. 메타버스 세상에서는 누구나 게임을 즐길 수 있고 그 안에서 소통할 수 있다. 로블록스는 사용자가 콘텐츠 등을 제작하고 소비하는 시스템이다. 2020년 기준 800만 명의 게임 크리에이터와 이들이 만들어 올린 5천만 개 이상의 게임이 존재한다. 아바타를 직접 꾸미고, 메타버스 세계에서 내 정체성을 표현한다. 내가 만든 나의 분신인 아바타를 통해 애완동물을 입양하고, 스쿠버 다이빙을 즐기는 등 1,800만 가지 경험이 가능하다.

일일 활성 유저(DAU)는 4,320만 명(2021년 2분기 기준)에 달한다. 이들은 로블록스 플랫폼에서 97억 4천만 시간을 소비했다. 폭발적인 인기 덕에 상장 첫날(2021년 3월 10일) 69.50달러에 마감된 주가는 석 달 만에 100달러까지 치솟기도 했다. 미국 청소년들은 현실세계보다 로블록스를 통한 소통을 더욱 즐긴다. 친구도 로블록스 안에 존재한다. KB증권에 따르면 10대들의 로블록스 사용량은 유튜브의 2.5배, 넷플릭스의 16배에 달한다.

로블록스는 게임은 무료로 즐길 수 있지만 아이템이나 나머지 자산들은 유료로 결제해야 한다. 결제는 로벅스라는 가상 화폐로 이뤄진다. 환전(1로벅스=0.35센트)도 가능하다. 로블록스가 수많은 메타버스 서비스 중에서도 주목 받고 있는 이유는 현실세계에 가장 가깝게 구현된 가상세계이기 때문이다.

이는 전 세계로 이용자들이 빠르게 늘어나고 있는 이유다. 2021년 5월 구찌와 협업해 만든 '구찌 가든'의 폭발적인 인기는 로블록스의 미래를 더욱 기대하게 만드는 요소로 꼽힌다. 로블록스 이용자 700만 명이 몰려든 구찌 가든에서는 구찌의 뮤즈 및 디자인 역사, 광고 캠페인으로부터 영감을 얻은 테마방을 둘러보거나 가상 구찌 아이템을 구입할 수 있도록 했다.

국내 대표주자 네이버의 제페토

국내에선 네이버가 만든 메타버스 플랫폼 '제페토'가 빠르게 성장하고 있다. 이용자는 전 세계적으로 2억 명에 달한다. 아시아의 로블록스로 평가받은 이유다. 제페토 역시 로블록스와 마찬가지로 자신만의 3D 아바타로 소통하는 공간이다.

네이버는 아이템 결제는 물론 광고, 커머스 등으로 사업을 확장하고 있다. 구찌, 나이키 등 브랜드와 협업해 아바타에게 입힐 의류를 구입하도록 만들었다. 발렌시아가는 2021년 F/W 컬렉션을 제페토 안에 있는 게임을 통해 공개하기도 했다. 제페토는 3,500만 명 이상의 월

| 아바타 세상 제페토 |

네이버의 메타버스 공간인 제페토에선 다양한 아바타들이 뛰
놀고 있다.

출처: 제페토

간 활성 이용자(MAU)를 확보하고 있다. 이용자가 늘어날수록 광고 플
랫폼으로서의 가치도 커지고 있다.

　시장에선 제페토의 놀라운 성장성에 주목하고 있다. 플랫폼 자체의
성장 가능성은 물론, 이와 연계된 각종 산업에서 수혜가 예상되기 때
문이다. 전 세계 XR(증강현실 AR, 가상현실 VR, 혼합현실 MR 등을 아우르는
개념) 시장 규모가 2019년 79억 달러에서 2024년 1,368억 달러로 연평
균 76.9% 성장할 것으로 관측이 나오는 이유다.

　반면 곳곳에서 등장하는 '메타버스'라는 개념이 실제 가치보다 과
대 평가되었다는 의견도 있다. 닷컴버블 당시처럼 상당수 기업들이
메타버스 관련 기업이란 점을 부각시키고 나섰기 때문이다. 하지만
이는 산업이 성장해나가는 건강한 과정이란 분석에 더욱 무게가 실린

| 모든 것이 가능하다 |

Explore

Explore the new Worlds to find new inspration and fun you can't experience in the real world.

Communicate

Build relationships with your friends, partners, colleagues in a virtual world that transcends time and space.

Play

Play endless variety of games in a World without limits. Choose to cooperate or compete with other players.

제페토 안에선 여행을 하거나, 놀이를 즐기거나, 아바타끼리 소통하는 등 현실세계 이상의 것이 가능하다. 코로나19 사태는 이 같은 메타버스 열풍을 앞당겼다.

출처: 제페토

다. 젠슨 황 엔비디아 CEO는 "지난 20년간 놀라운 일이 벌어졌다면 앞으로 20년은 현실과 공상과학 영화가 다르지 않다는 것을 실감하게 될 것"이라고 했다. 메타버스는 제2의 인터넷의 등장과 같은 파괴력을 지녔을지도 모른다. 인프라, 하드웨어, 소프트웨어와 콘텐츠 등 전 산업이 들썩이는 이유다. 메타버스의 대항해는 이미 시작되었다.

MZ세대의 돈놀이가 된 토스

은행의 일부 서비스였던 송금분야에서
기존의 기득권인 은행의 높은 벽과 맞서 싸웠던 토스가
완전히 새로운 서비스를 통해 '은행 vs 은행'으로 맞붙는 셈이다.

"그냥 토스해" 1020세대 사이에선 한때 이 같은 신조어가 생겼다. 'n분의 1'에 익숙한 이들은 계산대에서 각자 체크카드를 꺼내는 대신 간편한 토스를 택했다. 아직은 사용자가 많지 않은 터라 정산에 앞서 상대방에게 "혹시 토스하세요?"라고 조심스러운 질문을 하는 사람들도 심심치 않게 눈에 띄었다.

토스(toss)의 등장에 고객들의 반응은 폭발적이었다. 한 번도 안 쓴 사람은 있어도 한 번만 쓴 사람은 없다는 얘기가 나올 정도였다. 비밀번호 입력과 지문 인증만으로 이체가 이뤄지는 '간편 송금' 시장을 장악했다.

특히 10대들에겐 인생에서 첫 번째로 접하는 금융서비스로 통했다. 이들은 돈을 주고받는 일종의 금융 거래를 토스를 통해 처음으로

간편함을 앞세운 토스는 비약적인 성장을 거뒀다. 누적 가입자 수는 2천만 명을 넘어섰고, 누적 투자금액도 1조 원을 돌파했다.

출처: 토스

경험했다. 토스를 이용한 덕에 돈을 주고받는 게 더 이상 어려운 일이 아니었다. 카카오톡 메시지를 보내듯, 너무나 간편한 일이 되었다. 어쩌면 놀이에 가까웠다. 직접 지폐나 동전을 만지는 일은 줄었고, 스마트폰에 찍힌 숫자는 더욱 돈처럼 느껴졌다. 기존의 화폐가 물물교환을 대신했다면, 간편 송금은 화폐의 가치를 새롭게 느끼도록 만들었다고 볼 수 있다.

은행 창구를 찾아 손으로 직접 보낼 금액을 적어내거나, 은행 대표 번호로 전화를 걸어 보안카드에 적힌 번호를 일일이 입력하는 송금 방식은 이들에게 부싯돌로 불을 붙이는 것과 같은 구시대적인 행위나

다름 없었다. 몇 초 만에 손가락 터치 몇 번으로 원하는 거래가 이뤄지는 게 당연한 '토스 세대'로 통했기 때문이다.

8번의 실패 끝에 낳은 역작

토스는 비바리퍼블리카가 8번의 실패 끝에 탄생시킨 작품이었다. 모바일 SNS 서비스인 '울라불라', 모바일 투표 앱인 '다보트' 등을 선보였지만 성공하지 못했다. 하지만 그들이 사업을 통해 하고자 하는 바는 늘 분명했다. '좀 더 나은 세상을 만들자'

'비바리퍼블리카'는 프랑스 혁명 당시 대중들이 쓰던 구호다. 우리말 뜻은 '공화국 만세'. 비바리퍼블리카를 창업한 이승건 대표는 '기술로 세상을 이롭게 하자. 그래서 세상을 좀 더 나은 곳으로 만들자'는 의미로 이런 이름을 지었다.

사명처럼 처음부터 금융 관련 스타트업을 계획했던 것은 아니다. 불편함을 당연하게 여기며 생활하는 일상을 바꿔보자는 생각으로 출발했다. 사람들이 자주 하는 것 중에 불편한 것들을 찾아나섰다. 이 대표를 포함한 5명의 사업 초기 멤버들은 서울 각지를 다니며 사람들을 관찰했다. 불편함을 찾아나서는 과정이었다. 그러던 중 무언가를 거래하기 위해 인터넷뱅킹이나 모바일뱅킹을 사용하는 모습이 눈에 띄었다. 굉장히 불편해보였다. 각종 앱들이 고객친화적인 기능을 장착해 나날이 편리해지고 있는 것과 달리 은행 앱은 시작부터 어려웠다. 이 대표는 이런 불필요한 행위를 간편하게 만들 수 있다면 수많은 사람들의 시간을 엄청나게 절약해줄 수 있겠다고 확신했다.

토스는 그렇게 새로운 길에 뛰어들었다. 공인인증서가 없어도, 상대방 계좌번호를 모르더라도 받는 사람 연락처만 있으면 단 몇 초만에 송금이 가능한 토스의 등장에 고객들은 열광했다. 서비스 소개만으로 SNS(소셜 네트워크 서비스) 상에선 엄청난 호응을 얻었다.

은행을 통한 송금에 불편함을 느꼈던 이들이 주고객이 되었다. 누구나 쉽게 이용 가능하다는 게 가장 큰 장점이었다. 구글플레이나 애플 앱스토어에서 앱을 내려받은 뒤, 받는 사람의 전화번호와 보낼 금액, 암호만 입력하면 된다. 돈을 받는 사람은 토스 앱을 설치하지 않아도 된다. 송금하면 받는 사람의 휴대폰에 문자로 웹사이트 주소가 전달되며 여기에 송금받고자 하는 계좌번호를 입력하면 거래가 완료된다(당시 KB국민은행 송금서비스의 경우 공인인증을 거쳐 로그인 후 계좌비밀번호, 일회용비밀번호 및 통합인증 절차 등의 총 4단계를 거쳐야 했다).

초기엔 제약도 있었다. 한도는 1일 1회 30만 원. 이용 가능한 은행은 IBK기업은행과 부산은행, 경남은행이 전부였다. 안전이 담보되지 않는다는 이유로 시중은행들은 쉽게 문을 열지 않았다. 은행이 틀어쥐고 있는 금융 권력의 벽은 높기만했다. 누가 봐도 유사 서비스를 내놓은 네이버페이와 토스를 각각 대하는 은행들의 태도에서 온도차가 느껴질 정도였다.

급기야 금융 규제 탓에 출시 두 달 만에 '서비스 셧다운' 사태를 겪어야 했다. 훌륭한 서비스를 내놓는 게 끝이 아니라는 것을 절감하는 순간이었다. 토스의 성공을 위해 밤낮으로 일에 매달렸던 이들은 길바닥에 주저앉을 만큼 상심이 컸다. [토스가 제작한 다큐멘터리 '핀테크, 간편함을 넘어(FINTECH: BEHIND THE SIMPLICITY)'에 창업과 성장에 관련된 스토리가 자세히 담겨 있다.]

토스, 은행의 벽을 넘어서다

현재(2021년 10월 기준) 토스의 누적 다운로드 수는 7천만 회, 누적 가입자는 약 2,100만 명에 달한다. 누적 송금액은 180조 원을 넘어섰다. '토스'는 어떻게 은행의 높은 벽을 뚫고 금융 플랫폼으로 성장했을까? 금융(Finance)과 기술(Technology)을 결합한 국내 대표 핀테크 기업을 이뤄낸 비결은 무엇일까?

사람들이 궁금해하는 그 답은 고객들의 누적된 불편함에서 사업 아이템을 발굴해낸 '첫 단추'에 있었다. 고객들이 원하는 것, 가려운 곳을 명중하자 문턱 높은 금융업을 어떻게든 넘어설 수 있었던 셈이다. 첫해에만 60만 명의 고객을 끌어들인 것만 봐도 알 수 있었다. (토스의 초기 목표는 "우리 서비스에 열광하는 사람이 100명만 있어도 성공"이란 생각이었다.)

토스의 질주는 기존 은행들을 긴장시키기 시작했다. 미래 고객인 1020세대에게 토스가 익숙해지고 있다는 점이 컸다. 실제 KB경영연구소가 지난 2018년에 발표한 토스 분석보고서에 따르면 1020세대

남성과 여성 모두 금융앱 가운데 토스를 가장 많이 사용한 것으로 나타났다. 보고서엔 "은행권은 '금융의 첫 거래가 주거래 은행으로 이용하는 경우가 많다'라는 생각으로 미래의 자산 고객확보의 징검다리로 1020세대를 유치해 왔지만, 토스의 마케팅으로 1020세대 유저 확보는 모바일 디지털 금융 생태계를 변화 주도할 수 있는 세대임을 확인했다"고 쓰여 있었다.

금융사들의 마케팅 전략도 달라졌다. 신뢰감을 주는 중년 배우를 광고 모델로 사용해오던 은행들이 아이돌을 모델로 채택하는 파격적인 변화를 꾀한 것도 이 때문이다. [당시 KB국민은행은 방탄소년단(BTS), 신한은행은 워너원, IBK기업은행은 빅뱅의 지드래곤을 광고모델로 선정했다.]

신용정보 주권을 돌려주다

간편송금에 대한 인기가 시들해질쯤 다시 고객들을 토스로 불러들인 것은 무료로 개인 신용점수를 조회할 수 있는 서비스였다. 토스는 이를 '신용정보 주권을 국민에게 돌려준 서비스'로 평했다. 개인에게 가장 중요한 신용정보를 정작 본인이 가장 최악의 상황에서야 확인할 수 있다는 문제점에서 출발한 서비스였다.

신용점수뿐만 아니라 보유 카드, 대출 현황 등 신용에 관련된 정보도 조회 가능하도록 만들었다. 누적 사용자는 1,300만 명. 토스 측은

"단순히 신용점수를 확인하는 데 그치는 게 아니라 내 점수를 파악해 신용점수를 향상시키도록 도와주는 서비스"라고 소개했다. 계좌, 카드, 대출, 신용점수, 보험 등 각종 금융 현황을 편리하게 조회할 수 있는 '통합계좌서비스', 토스 앱에 여러 카드를 연동해 실시간으로 사용 내역을 조회하고 관리할 수 있는 '통합 카드 조회', 2006년 이후 가입한 본인 명의의 보험을 찾아 지나친 보장 및 부족한 보장 등 현재 가입되어 있는 보험의 보장 현황을 진단해주는 '내 보험 조회', 내 차량 정보를 기반으로 쉽고 간편하게 자동차 보험료를 조회하고 가입까지 할 수 있는 '자동차 보험료 조회', 차량번호 입력만으로 내 차량의 현

| 주식도 토스하라 |

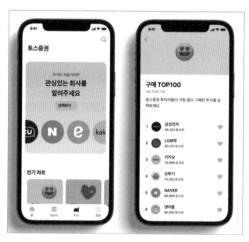

토스는 간편하고 편리한 기존 앱의 특징을 살려 주식시장에 뛰어들었다. '매수'나 '매도'란 용어 대신 '구매하기'와 '판매하기'라는 용어를 사용하고 있다.

출처: 토스

재 중고시세와 3년 후 예측 시세까지 조회할 수 있는 '내 차 시세조회' 서비스 등도 같은 맥락에서 출발했다.

동학개미운동으로 국내 주식 열풍이 절정에 달하던 2021년 2월 선보인 토스증권 역시 시장의 이목을 끌었다. 2008년 IBK투자증권과 KTB투자증권 이후 12년 만에 등장한 신규 증권사라는 점도 관심을 집중시켰다.

토스에게 토스증권은 중요한 성장 포인트였다. 금융 플랫폼으로 한 단계 도약하게 되는 계기가 될 수 있어서다. 기존에 간편 송금, 신용점수 조회 등을 통해 가입자를 늘리는 데는 성공했지만 토스 앱에 이용자들을 오래 머물게 하지 못하는 단점이 있었다. 플랫폼의 폭발력은 앱에 머무는 시간이 길어질수록 커진다. 모든 플랫폼 기업들 역시 이 시간을 늘리는 데 방점을 두고 있다.

주식투자 서비스는 송금과 정보조회와 달리 플랫폼 이용시간이 길다고 알려져 있다. 주식투자를 일종의 놀이처럼 표현한 것도 이와 무관치 않다. '매수'나 '매도'란 용어 대신 '구매하기'와 '판매하기'라는 말을 사용한 것이 대표적인 사례다.

이 밖에도 인터넷쇼핑이나 음원사이트 등을 연상시키는 사용자경험을 통해 투자할 주식을 쉽게 찾을 수 있게 하는 데 중점을 뒀다. 기존 모바일트레이딩서비스(MTS)의 불편함을 덜어주고, 어려운 주식 용어와 서비스 명칭 등을 보다 친숙하게 바꾸기 위해 심혈을 기울였다.

타다, 새로운 시작

몸집을 불려온 토스에게 토스뱅크는 새로운 시작을 의미한다. 토스뱅크가 '종합 디지털 금융 플랫폼'이란 토스의 타이틀에 걸맞은 마지막 퍼즐을 완성하기 때문이다. 홍민택 토스뱅크 대표는 출범 기자간담회에서 "조금 더 나은 은행이 아니라 '완전히 새로운 은행'이 되기 위해 수많은 고정관념에 대해 새로운 관점으로 접근했다"고 말했다. 은행의 일부 서비스였던 송금 분야에서 기존 기득권인 은행의 높은 벽과 맞서 싸웠던 토스가 완전히 새로운 서비스를 통해 '은행 vs 은행'으로 맞붙는 셈이다.

시작은 성공적이었다. 토스뱅크가 내놓은 '조건없는 연 2% 통장' 사전신청에 사흘 만에 50만 명이 몰렸다. 토스뱅크 측은 기존 은행과 달리 지점 관리 비용 등이 들어가지 않는 인터넷전문은행으로서 이점을 금리 혜택으로 활용하는 전략을 택했다. 토스뱅크가 출범한 당일 경쟁상대로 꼽히는 카카오뱅크 주가는 하루 새 8.40% 급락했다. 업계에선 "토스뱅크 출범으로 토스의 금융플랫폼 입지는 한층 강화될 것으로 전망된다"며 "과거 송금 서비스 위주에서 토스증권(이용자 사용시간 증가), 토스뱅크(금융소비자 접근성 확대)를 통해 트래픽의 질(Quality)을 크게 개선시킬 기반을 확보했다"는 평가가 나왔다. 실제 토스뱅크는 별도 앱 없이 토스 앱을 활용해 다른 은행보다 출발선상에 앞섰다. 카카오뱅크(1,103만 명, 2021년 8월 기준)보다 많은 사용자(1,206만 명)를 확보한 채 시작했기 때문이다.

금융플랫폼으로서 마지막 퍼즐을 완성한 토스는 '비운의 스타트 업' 타다를 전격 인수하며 새로운 영역에 뛰어들기도 했다. 은행, 증권, 보험 등 금융업에서만 확장해 온 토스가 모빌리티 분야에 발을 내딛자 시장에선 뜨거운 관심이 쏟아졌다. 이승건 대표는 "국내 택시시장의 연간 매출 12조 원 중 절반 정도가 호출 앱을 통해 이뤄지고 있어 토스의 결제사업 등과 시너지를 낼 수 있다"며 인수 이유를 밝혔다. "토스는 창업 후 지속적으로 사업 모델이 고착화된 시장에 진출해 혁신을 선보였고, 이번 인수도 같은 맥락"이란 설명도 덧붙였다.

　　토스뱅크의 흑자전환, 실패한 스타트업으로 각인되어 있는 타다의 부활 등 토스의 숙제가 여전히 산적해 있지만 시장에선 그동안 고객의 불편함을 꿰뚫어보려는 노력과 도전 정신, 마케팅 전략 등을 보여준 토스의 미래에 대한 기대감이 더욱 크다. 특히 새로운(모빌리티) 분야에 뛰어든 타다가 금융 플랫폼에서 벗어나 카카오와 네이버 등과 같은 종합 플랫폼 공룡으로 성장할 수 있을지를 지켜보는 것도 관전 포인트가 될 것으로 보인다.

'사는 재미'를 취미로 만든
당근마켓

당근마켓은 더욱더 이용객들의 동네를 좁히는 게 목표다.
이용객들이 늘고 이들의 참여가 활발해질수록
더 좁은 지역기반에서 다양한 사업을 확장할 수 있다고 보기 때문이다.

"혹시… 당근이세요?" 첫 당근은 수줍은 경험이었다. 중고로 무언가를 산다고 생각하니 남들에게 들키고 싶지 않은 마음이 컸다. 동네주민이라 생각하니 어디선가 혹시 다시 마주치지 않을까 하는 마음에 최대한 내 모습을 숨겨보기도 했다. 대학생 때 중고나라를 통해 매진된 프로야구 플레이오프 티켓을 구한 이후 처음 하는 중고거래였기에 더욱 그랬을지 모른다.

세상이 달라졌고, 나도 달라졌다. 당근 거래가 자연스러워졌다. 중고서, 남들이 볼까봐 하는 생각도 잊은 지 오래다. 누군가 나의 거래 모습을 보더라도 '당근이네'라고 대수롭지 않게 여기는 듯싶었다. 되레 사는 재미마저 느껴졌다. 물건을 사는 재미, 동네를 살아가는 재미 모두 말이다.

이처럼 중고거래라는 아이템을 통해 우리나라 곳곳을 초연결사회로 만든 당근마켓은 그렇게 일상에 스며들고 있었다.

판교에서 전국으로 뻗어나간 당근

당근마켓은 '이웃과 더 가까워지는 따뜻한 동네를 만들자'고 말한다. "동네 안에서 연결되지 못한 가치 있는 정보를 발견하고, 지역 생활 속의 불편함을 해결하기 위해 모였다"라고도 했다. '당신의 근처'라는 의미의 당근마켓이란 이름도 그렇게 지어졌다.

당근마켓은 이미 국내에선 막강한 플랫폼이 되었다. 가입자 2,100만 명, 월간 이용자 1,600만 명, 하루 평균 사용 시간 20분, 1억 2천만 번의 연결 등의 숫자가 당근마켓이란 중고거래 플랫폼의 힘을 나타낸다. 최근 그 힘이 더욱 강해지고 있다. 2021년 상반기 한국인이 가장 많이 다운로드한 앱에 이름을 올렸을 정도다. 이용객은 남녀노소를 가리지 않는다. 회사에 갓 들어온 후배가 '아이팟'을 당근으로 팔려고 나가보니 70대 할아버지 구매자였다는 얘길 전한 것만 봐도 그렇다. 글로벌 데이터 조사기관 앱애니에 따르면, 가입자 1명당 월평균 64회 당근마켓에 들어와 2시간 2분 동안 머물렀다는 통계도 있다.

시작은 2015년 7월에 만든 '판교장터'였다. 판교인 이유는 당근마켓의 창업자인 김재현, 김용현 대표가 카카오 출신이었기 때문이다. 판교 테크노밸리 인근의 사람들끼리 중고물품을 직거래하는 '모바일

벼룩시장'이었던 셈이다. 판교장터는 고객 신뢰를 높이기 위해 회사 메일을 인증해야만 했다. 판교 직원이라는 것을 인증하지 못하면 거래가 어려운 구조였다. 신원이 확실한 거래 상대방이 확인되고 나면 고가의 전자기기 등을 판매했다. 입소문을 타자 판교장터에 참여하고 싶다는 판교주민들이 생겨나기 시작했다. 이때부터 인증 기준이 회사 이메일에서 거주지로 변경되었다. 지금의 당근마켓처럼 주소만 인증

| 당근의 진화 |

당근마켓은 중고거래 열풍을 일으키며 이용자들의 사랑을 받고 있다. 수백만 건 이상 성사된 무료 나눔도 당근마켓이 만들어낸 새로운 문화 중 하나다.

출처: 당근마켓

하면 거래가 가능한 자격을 확보할 수 있었던 셈이다. 판교 → 분당으로 영역을 넓혀간 판교마켓은 출시 3개월 만에 이름을 지금의 당근마켓으로 바꿨다. 처음엔 동네 제한을 두다 보니 사업에 속도가 붙지 않았다. 우리 동네의 마켓이 열리려면 '우리 동네에도 마켓을 열어달라'는 사람이 350명이 넘어야 하는 기본 요건을 충족해야 했기 때문이다. 당근마켓이 전국으로 확산되는 데 꼬박 2년 반이 걸린 이유다.

'복잡하고 귀찮은 거래를 1분 만에 해결할 수 있다'는 당근마켓의 장점은 본격 고객몰이를 시작했다는 점이다. '괜히 중고거래를 해서 사기를 당했다'는 푸념 대신 '동네 주민을 만나 거래를 했더니 덤으로 더 주셨다'는 미담이 쏟아졌다. 당근마켓이 1억 2천만 회의 연결(무료 나눔, 정보공유 등을 포함)을 이뤄낸 비결이다. 당근에 빠진 고객들은 인당 월평균 24회나 당근마켓을 이용한 것으로 나타났다. 김재현 대표는 당근마켓에 대해 "네이버 검색 서비스보단 내 지역 정보를 더 빨리 찾을 수 있고, 폐쇄형 커뮤니티인 맘카페보단 누구나 쉽게 접근할 수 있다는 장점이 있다"고 평가했다.

내 구역은 6㎞, 중고의 신뢰를 높였다

당근마켓은 앞서 우리가 살펴본 글로벌 공룡 아마존, 알리바바와 전략상 확연한 차이를 보인다. 해외 직구 등 개개인의 글로벌 거래가 점점 더 손쉬워지는 세상에서 당근마켓은 거래가 가능한 거리를 자전

당근마켓은 거래가 가능한 거리를 자전거로 이동할 수 있는 만큼
(최대 6km)으로 제한하고 있다. 이 거리를 더욱 촘촘히 좁혀 나가
는 것이 목표다.

출처: 당근마켓

거로 이동할 수 있는 만큼(최대 6km)으로 제한한다. 과거엔 '동네 주민
과 중고거래가 부끄럽다'는 당근 거래 초보 당시 나의 모습처럼 우려
를 나타내는 이들도 있었다. 하지만 이것이 당근마켓 성공의 핵심 비
결이 되었다. 알지도 못하는 사람에게 사기당할 수도 있다는 우려 없
이 바로 내 이웃이 쓰던 믿을 수 있는 물건을 안심하고 거래할 수 있
다는 장점이 수많은 동네 고객을 당근마켓으로 끌어들인 셈이다. 같
은 층에 살아도 인사하기 어려운 세상에서 동네의 친숙함과 소중함

을 느끼는 이들까지 있다니 작전 성공이다. 일부는 버리는 물건을 폐기물 처리비용을 들이지 않고 처리했다며 기뻐하지만 이보다 더 많은 수의 고객이 '무료 나눔'이라는 뿌듯함을 얻어가는 신기한 경험까지 제공하고 있다. [물론 동네 주민이라고 해서 사기치는 이들이 전혀 없는 것은 아니다. 당근마켓 측은 시세차익을 노린 사재기나 되팔기를 인공지능(AI) 기술로 걸러낸다고 밝히고 있다.] 단순한 거래를 넘어 이웃의 가치, 나눔의 가치를 얻게 된 셈이다.

당근마켓은 신뢰성과 효율성을 높이기 위해 '매너온도'와 '가격하락 알림'이란 장치도 활용한다. 매너온도는 거래자를 평가하는 척도다. 신뢰가 높다는 평가가 많을수록 온도는 올라가고 이미지는 환하게 웃는 얼굴로 변한다. 중고거래의 핵심 요소인 신뢰도를 가늠하는 지표인 셈이다. 가격하락 알림은 저렴하게 올라온 중고제품이지만 천 원이라도 더 싸게 사고 싶은 사람의 마음을 활용했다. 내가 관심을 표시했던 제품을 더 싸게 살 수 있도록 도와주는 요소다.

골목대장이 목표, 더 좁게 좁힌다

당근마켓의 또 다른 힘은 다른 쇼핑앱에 비해 머무는 시간이 길다는 점이다. 플랫폼 기업들은 어떻게 하면 고객들이 자신들이 만든 플랫폼에 오랜 시간 가둬둘 수 있을지를 고민한다. 플랫폼 이용객이 어느 정도 확보되었다면 플랫폼에 머무는 시간이 길수록 사업을 확장하거나 성과를 거두기 쉽다. 초록색 검색창과 지식iN 서비스로 국민 포털 사이트가 된 네이버가 국민 다수의 인터넷 첫 화면으로 등극하면서 힘이 막강해진 것처럼 말이다.

동네상권에서 당근마켓의 존재감은 더욱 커지고 있다. 전단지 대신 무료로 상품·서비스를 소개할 수 있는 '비즈프로필'을 이용하는 소상공인은 31만 명이 넘는다. 이들을 활용한 라이브방송 플랫폼도 구축하고 있다.

당근마켓은 더욱더 이용객들의 동네를 좁히는 게 목표다. 이용객이 늘고 이들의 참여가 활발해질수록 더 좁은 지역기반에서 다양한 사업을 확장할 수 있다고 보기 때문이다. 당근마켓은 이미 촘촘한 지역마켓을 확보하고 있다. 당근마켓이 서비스하는 지역은 전국 6,577개(2021년 초 기준), 동 단위 행정구역(2,104개)을 훨씬 뛰어넘는 수치다. 네이버와 다음 등 포털에서 절대적인 존재감을 드러냈던 '맘카페'처럼 동네를 좌지우지하는 절대 권력도 뒤따른다. 실제 과거엔 맘카페에 잘못 소문난 병원이나 식당들이 처참히 폐업의 길로 접어드는 사례도 있었다. 실제로 김재현 대표는 "당근마켓의 초기 목표는 맘카페 분따(분당엄마 따라잡기)였다"고 말하기도 했다.

당근마켓의 '동네생활' 코너는 또 다른 촘촘한 지역 네트워크의 힘을 보여준다. '혹시 길에서 에코백 보신 분 있으신가요? 버스정류장 부근에서 분실한 듯한데 혹시 보셨으면 제보 부탁드립니다…'와 같은 글이 올라올 수 있는 곳도 당근마켓 동네생활에서만 펼쳐질 수 있는 광경이다. 같이 운동할 친구를 찾거나 괜찮은 병원을 소개받는 데도 활용되는 공간이다. 커뮤니티의 결속력이 강해질수록 플랫폼의 힘은 막강해진다. 그 힘은 광고에도 도움이 된다. 당근마켓이 동네를 좁혀갈수록 광고주들에게 매력도가 높아질 수밖에 없다. 다수의 대중을 향한 매스(Mass) 광고보다 확실한 타깃이 설정되는 셈이기 때문이다.

승승장구하고 있는 당근마켓이지만 취약한 수익구조는 여전히 숙제로 남아 있다. 국내에서 가장 많이 내려받은 앱, 3조 원의 기업가치를 평가받는 국내 16번째 유니콘 등 국민 앱으로 자리매김한 당근마켓이지만 2020년 100억 원이 넘는 영업손실을 기록한 것으로 추정되고 있다. 고객층은 두터워지고 있지만 서비스 대부분이 무료인 탓에 이렇다 할 수익 모델을 찾지 못했다. 대기업 광고 대신 지역 광고를 유치하겠다는 전략을 펼치면서 유일한 광고수익도 기대에 크게 못미치는 상황이다. 이 때문에 창업 첫해인 2015년(1억 5천만 원) 이후 매년 적자 폭이 커지고 있다.

이에 대한 해법으로 로컬 커머스를 키우겠다는 입장이다. 농수산물, 신선식품 등을 판매하는 지역 상권과 동네 고객을 연결해주고 수수료를 챙기는 식이다. 출시를 앞두고 있는 당근페이도 같은 맥락이다. 자체 결제 서비스를 확보하겠다는 의도로 기획되었다. 다만 당근페이는 중고거래를 위한 결제 수단보다는 지역 상권과 동네 고객 간 거래를 담당하는 지역화폐에 더욱 초점을 맞추고 있는 것으로 알려졌다. 최근 온라인 중고거래 1위 플랫폼 중고나라가 간편결제 시스템 '중고나라 페이'를 도입했는데, 이는 중고거래의 가장 치명적인 약점인 사기를 막겠다는 목적이 가장 컸다.

동네 기반 플랫폼의 대성공을 이끌어낸 당근마켓이 만들어가는 길은 늘 새롭다. 차갑기만 했던 이웃의 이미지를 따뜻하게 변화시켰고, 하나라도 더 갖기 위해 애쓰던 이들에게 무료 나눔이라는 새로운 보람을 주며 삶의 여유까지 제공하고 있어서다. 세상을 더 넓게만 연결하려던 기존 플랫폼과도 확실한 차별점이 있다. 확실한 아이템과 고객을 플랫폼에 머물 수 있도록 만드는 매력적인 장치들이 확보된다면, 더 좁은 세상을 연결했을 때 그 힘이 더욱 폭발적으로 나타났기 때문이다.

　이제 관건은 수익성 확보다. 당근마켓의 미래에 투자한 여러 자금들이 이들의 연료가 되어주고 있지만 이익 실현은 기업의 최대 목표일 수밖에 없다. 하지만 크게 불안하지만은 않다. 테슬라마저도 2006년부터 시작된 적자행진을 2020년이 되어서야 끝냈다는 사실 때문이다.

야놀자,
B급의 승리

야놀자는 이미 많은 것들을 이뤘다.
전국 3만여 개의 모텔을 하나의 플랫폼으로 연결시킨 덕이다.
모텔을 넘어 모든 놀이문화를 담아내는 플랫폼으로 거듭나는 발판이 되었기 때문이다.

자동차는 인간에게 자유를 선사했다. 마차를 이용할 때 제한적이던 이동거리를 혁신적으로 늘렸고, 철길 따라 움직여야 하는 기차와 달리 길이 있는 곳이라면 어디든 누빌 수 있었다. 자유를 만끽할 수 있는 이동수단이자 나만의 공간이 된 자동차는 연인에겐 더욱 존재감이 컸다. 자동차 제조사들이 운전석이 아닌 뒷좌석에 더욱 신경쓰기 시작한 것도 이런 고객들의 니즈가 일부 반영된 것이다. 모텔(Motel)이 사랑(Love)과 한쌍을 이룬 것도 이와 무관치 않다.

모텔은 자동차를 뜻하는 모터(Motor)와 호텔(Hotel)의 합성어다. 미국 모텔은 자동차 여행객이나 불륜 커플들을 위한 숙박시설이었다. 대실(방을 시간단위로 빌려주는 것)도 횡횡했다. 미국에서 실시한 한 조사에 따르면 모텔이용객의 75%가 불륜이었다는 설도 있다. 국내에선

88올림픽 전후로 모텔이 급증했다. 번화가는 물론 서울 외곽 곳곳에 자리 잡은 모텔은 한국에서 사랑과 불륜의 상징이 되었다.

야놀자는 20여 년간 음지에 있던 (러브)모텔을 환한 양지로 이끌어 낸 일등공신이다. 남의 시선을 피해 어두운 출입구를 들락거려야 했던 모텔을 당당히 예약을 하고 '놀러'가는 곳으로 탈바꿈시켰기 때문이다. 모텔이란 이름 대신 한국식 호텔이라는 의미에서 '코텔'이란 이름까지 붙여졌을 정도다. B급으로 취급받던 '모텔' 예약서비스에서 시작한 야놀자는 어떻게 기업가치 10조 원 이상의 '데카콘' 기업에 올라선 데 이어 인터파크를 삼키며 '국내 최대 놀이플랫폼'으로 성장했을까?

흙수저 신화, 노는 문화를 바꾸다

국내 숙박·여행·레저 시장을 장악한 거대 플랫폼 야놀자는 '흙수저' 창업자의 손에서 탄생했다. 야놀자를 이끄는 이수진 대표는 어린 시절부터 굴곡진 시간을 보냈다. 네 살 때 아버지를 여의고, 여섯 살 되던 해 어머니가 재혼하면서 할머니 품에 맡겨졌다. 의지하던 할머니마저 이 대표가 중1때 세상을 떠났다. 이 대표는 어쩔 수 없이 친척들에게 맡겨졌고, 소작농이던 작은 아버지의 농사일을 거들며 자랐다. 또래보다 한글을 늦게 뗐을 정도로 학업에선 뒤처졌다. 가난한 형편 탓에 도시락 반찬은 김치로 채워야 했다. 두원공업고등학교를 졸업한 그는 가고 싶던 인하공업전문대도 등록금 240만 원 때문에 포기해야 했다. 천안공업전문대(현 공주대)를 마친 그는 고모집에 얹혀 살며 병역특례요원으로 복무했다. 당시 3년간 월급을 모아 4천만 원의 종잣돈을 만들었다. 부자가 되고 싶었던 그는 주식투자에 뛰어들었지만 돈을 몽땅 날렸다. 고모 집을 나와 숙식을 해결할 수 있는 일자리를 찾아나섰다. 원양어선 등 몇 안 되는 선택지 중에 그는 모텔 청소부를 택했다. 객실 청소, 모텔 관리 등을 맡으며 저축한 돈으로 첫 번째 창업에 나섰다. 샐러드 배달 회사였다. 하지만 이마저도 실패로 돌아갔다. 지금이야 샐러드 배달 수요가 많이 늘었지만 당시엔 시장이 너무 작았다.

　다시 모텔로 돌아가야 했다. 모텔일은 자신이 있었다. 경험을 살려 포털사이트에 모텔 종사자들을 위한 카페 '모텔이야기'를 개설했다. 모텔에서 일하며 느낀 점 등을 공유하거나, 모텔에 필요한 물품들의 가격을 비교했다. 구인구직도 카페에서 이뤄졌다. 회원수는 1만 명을 넘어섰지만 카페로 돈을 벌진 못했다. 어느 날 당시 모텔 정보 카페 3위였던 '모텔투어(모투)' 운영자가 카페를 인수할 의향이 있는지 제안해왔다. 이것이 바로 '야놀자'의 시작이다. 500만 원에 인수한 모텔투어를 키우기 위해 발품을 팔아 모텔 내부 사진들을 카페에 올렸다. 이용 후기가 늘자 회원수는 1년 새 30만 명까지 급증했다. 인지도를 높여가던 모텔투어가 야놀자로 이름을 바꾼 것은 의도치 않은 일이 벌어지면서다. 당시 업계 1위 카페 모텔가이드가 모텔투어라는 상표권을 등록한 탓에 어쩔수 없는 선택이었다.

yanolja

야놀자는 모텔이란 숙박시스템을 남의 시선을 피해야 했던 음지가 아닌 양지로 끌어냈다. 새로운 놀이 문화를 만들어낸 셈이다.

출처: 야놀자

야놀자는 모바일 시대가 열리자 빠르게 앱으로 전환했다. 가맹 사업에 뛰어든 후로는 '객실에 성인용품을 비치하지 않을 것' '객실 TV 채널에서 성인방송을 제외할 것' '주차장 가림막을 없앨 것' 등과 같은 원칙을 세워 러브모텔 이미지를 지우기 위해 애썼다. 2013년 플레이엔유의 '여기야', 2014년 위드이노베이션의 '여기어때'가 업계에 뛰어들면서 시장이 폭발적으로 커졌다. 특히 숙박 예약 앱의 힘은 막강해졌다.

중소기업중앙회의 조사에 따르면 중소 숙박업체의 월평균 매출은 1,343만 원으로, 이 가운데 64%(859만 원)가 숙박앱을 통해 발생하는 것으로 나타났다. 이들은 매달 16만~39만 원가량을 광고비로 숙박앱에 지불했다. 중소 숙박업체의 92.0%는 야놀자에 가입한 상태다.

야놀자라는 이름은 사업을 모텔에만 가둬두지 않았다. 노는 것은 모두 사업 영역이 되었다. 호텔나우, 우리펜션 등을 인수해 모텔을 넘어 호텔·펜션 예약까지 영역을 확장했다. 레저·액티비티 플랫폼 레저큐도 품었다. 여행과 숙박 레저를 결합한 야놀자의 누적 회원 수는 1,500만 명으로 늘었다. 글로벌 트레블 테크 기업을 표방하며 전 세계 170개 국, 3만 개 이상의 고객사도 확보했다.

테크기업으로 재탄생, 미국 진출 초읽기

최근엔 적자를 이어오던 실적도 흑자전환에 성공했다. 야놀자의 2020년 매출은 1,920억 원, 영업이익 161억 원이다. 업계에선 해외매출까지 합치면 매출 규모가 3천억 원을 뛰어넘을 것이란 관측도 나온다.

플랫폼을 장악한 야놀자를 바라보는 시장의 평가도 급이 달라졌다. '인간이 살아가는 한 여행은 사라지지 않는다'는 전제에 야놀자의 기술력이 더해지자 단순 숙박중개업의 기업 가치를 뛰어넘기 시작했다. 싱가포르투자청(GIC)과 글로벌 최대 여행업체 부킹홀딩스의 투자를 이끌어낸 것도 이 때문이다. GIC는 부킹홀딩스와 함께 1억 8천만 달러를 투자하게 된 이유에 대해 "한국 내 숙박·여가 시장에서 선두를 달리며 시장 지배자로서의 지위를 확보했고, 첨단 디지털 기술에 대한 높은 이해와 경쟁력, 글로벌 사업 확장 등에서 추가 성장 가능성이 충분하다고 봐 투자했다"고 밝혔다.

야놀자는 숙박, 레저, 이동수단, 맛집까지 영역을 꾸준히 확대하고 있다. 최근엔 기술력을 더해 테크 기업으로 거듭나고 있는 모습이다.

출처: 야놀자

실제 야놀자는 웬만한 IT(정보기술) 업체 이상의 개발자를 확보하고 있는 빅테크 기업으로 거듭나고 있다는 평가를 받고 있다. 빅데이터는 물론 IoT(사물인터넷), AI(인공지능)까지 다양한 기술을 활용한다. 클라우드를 기반으로 글로벌 호스피탈리티(Hospitaltiy·환대산업) 시장에서 장악력을 넓혀가겠다는 전략이 적중했다.

이미 1천 명이 넘는 본사인력 가운데 40% 이상이 개발인력으로 구성되어 있다. 야놀자의 호텔 자산관리시스템(PMS) 사업은 회사를 떠받치는 한 축으로 성장했다. PMS는 숙박예약, 식당예약, 음식 주문 등 호텔 내에서 벌어지는 모든 일을 비대면으로 디지털화해 처리하는 시스템을 뜻한다.

현재 글로벌 2만 3천 개(2020년 기준) 숙박시설에 예약, 체크인 등 호텔 업무를 할 수 있는 소프트웨어를 공급하고 있다. 이 분야에선 이미 글로벌 선두 자리에 올라섰다. 서울대 전기공학부를 졸업하고 네이버, 엔씨소프트, SK플래닛 등 국내 주요 테크 기업들을 거친 엄태욱 씨를 플랫폼실장으로 영입, 최고기술책임자(CTO)로 승진시킨 것은 향후에도 기술 개발에 방점을 두겠다는 의도가 깔려있다는 분석이 나온다. R&D(연구개발) 중심의 IT 플랫폼 기업이 되겠다는 계획 아래 2021년 하반기에만 300명이 넘는 개발자를 신규 채용하겠다는 계획도 발표했다. 전체 임직원의 70% 이상을 연구개발(R&D) 인재로 채우는 게 야놀자의 목표다.

투자업계 '미다스 손'으로 불리는 손정의 소프트뱅크 회장이 야놀자를 투자처로 낙점한 것도 이 때문이다. 숙박예약 플랫폼이 아닌 IT 기업으로 미래 가치를 평가했기 때문이다. 손 회장은 소프트뱅크의 비전펀드의 네 번째 투자처로 야놀자를 낙점했다. 투자 규모는 쿠팡(30억 달러)에 이어 두 번째로 많은 2조 원에 달한다.

실탄을 확보한 야놀자의 행보는 거침없다. 야놀자를 글로벌 1위 여가 솔루션 테크기업이자 여행 슈퍼 앱으로 키워내는 게 이 대표의 계획이다. 이를 위해 여행업 1위 하나투어와 손을 잡고 해외여행 서비스 시장에 뛰어들었다. '국내용'이라는 시장의 평가를 깨고 글로벌 시장에 보다 적극적으로 뛰어들기 위한 포석이다. 하나투어가 기획한 해외여행 상품을 야놀자에 단독 공급하는 방식으로 협업이 이뤄질 것으로 알려졌다.

야놀자는 인터파크의 여행·공연 예매 사업부도 2,900억 원에 사들였다. 여행과 티켓 예매에 강점이 있는 인터파크를 활용해 국내 아웃바운드(국내에서 해외로 가는 여행) 시장을 선점하는 데 주력하겠다는 의도다. 회사 측은 "이번 인수를 통해 해외여행 수요에 선제 대응하는 것은 물론 글로벌 여행시장에서 한 단계 진일보할 수 있는 성장 엔진을 보유하게 되었다"며 "글로벌 사업 확장에 적극적으로 나설 것"이라고 했다.

나스닥 진출을 계획 중인 야놀자의 미국 증시 데뷔가 성공적으로 이뤄질지 미지수다. 숙박플랫폼을 대표하는 에어비앤비의 경우 전 세계 220개 국 10만 개 도시에서 5,400만 명의 활성 사용자(2019년 연간 기준)를 보유하고 있다. 설립 이후 누적 사용자는 무려 8억 2,500만 명에 달한다. 업계에선 125조 원에 달하는 에어비앤비의 시총을 감안하면 야놀자가 상장 이후 10조 원 이상의 가치를 평가받을 수 있다고 보고 있다.

흙수저 신화, 모텔의 재탄생 등 야놀자는 이미 많은 것들을 이뤘다. 전국 3만여 개의 모텔을 하나의 플랫폼으로 연결시킨 덕이다. 하지만 결정적인 전환점은 의도치 않게 모텔투어에서 야놀자로 이름을 바꾸게 된 때였는지도 모른다. 모텔을 넘어 모든 놀이 문화를 담아내는 플랫폼으로 거듭나는 발판이 되었기 때문이다. 이미 시장의 눈은 미래로 향해 있다. 무한대로 확장 가능한 '여가'라는 아이템과 진작부터 다져놓은 막강한 기술력에 거는 기대감이다.

4장

새로운 시장을
만든 디어유

전체 거래금액 중 30%는 구글 등에 지불하는 플랫폼 수수료로 쓰인다.
30%는 아티스트 수익 배분을 위해 기획사에게 '지급수수료' 항목으로 지불된다.
나머지 40%가 디어유의 순수익인 셈이다.

"오늘 컴백 무대 봤어? 오랜만에 무대라 긴장했어ㅎㅎ" 나의 최애 아이돌이 컴백 무대를 마치고 나에게 메시지를 보냈다. "ㅜㅜㅜㅜㅜㅜ내 새끼ㅜㅜㅜ무대ㅜㅜㅜㅜ찢ㅜㅜㅜ었다ㅜㅜㅜㅜ 내 심장도 찢어졌어ㅜㅜㅜㅜ"터질 것 같은 마음에 ㅜㅜ를 남발하며 답장을 보냈다.

'선물처럼 찾아오는 최애의 메시지와 함께하는 설레는 일상' 내가 좋아하는 아티스트와 실제 메시지를 주고받을 수 있는 팬덤 기반 플랫폼 디어유가 내세운 슬로건이다. 답장 하나 돌아오지 않던 팬레터를 손수 적어 우편으로 보내던 과거 팬덤 문화와 달리, 앱을 통해 내가 사랑하는 아이돌과 직접 메시지를 주고받는 시대가 열렸다.

채팅 말풍선이 톡톡 터지는 거품과 같다고 해서 붙여진 '버블'이란 이름의 앱은 내가 좋아하는 아이돌과 소통할 수 있는 팬 커뮤니케이션 플랫폼으로 급부상하고 있다. 2020년 3월 출시된 버블은 SM엔터테인먼트를 기반으로 한다. [처음엔 SM엔터테인먼트 자회사 '에브리싱(노래방어플)'으로 설립되었다. 이후 우리은행의 '위비톡', 상대방이 읽기 전에 메시지를 삭제하는 '돈톡'을 개발한 '브라이니클'과 흡수합병을 진행했다.]

팬더스트리에 올라타다

출발은 SM 팬클럽 커뮤니티 앱 '리슨'이었다. 여기에 팬클럽 회원들끼리 소통할 수 있는 채팅 기능도 담았다. SM엔터테인먼트는 이를 활용해 우수 팬클럽 회원 100명을 선정해 스타와 직접 채팅할 수 있는 이벤트를 열었다. 결과는 대성공이었다. 버블이 정식 서비스로 탄생한 이유다. 그 사이 사명은 에브리싱에서 디어유로 변경되었고, 2021년 6월 JYP엔터가 130억 원을 투자하면서 SM엔터테인먼트에 이어 2대주주로 올라섰다.

팬들의 반응은 폭발적이다. 올해 디어유 예상 고객 수는 160만 명. 가입자 중 절반 이상은 최소 2명 이상의 아티스트에게 비용을 지불하고 있다. 예상 영업이익은 약 150억 원에 달한다. 일부 재투자 금액을 제외하면 이익의 대부분을 챙길 수 있는 구조다. 특별한 비용이 들지 않는 비즈니스 구조이기 때문이다.

전체 구독자의 70%가량이 해외 이용자다. 여성 이용자 비율이 97%로 압도적으로 많다. 연령별로는 10~20대 이용자 비중이 90%에 육

DearU
너와 내가 '우리'로 하나 되는 특별한 공간

디어유가 만든 버블은 내가 좋아하는 아이돌과 소통할 수 있는 팬 커뮤니케이션 플랫폼이다. 버블로 소통할 수 있는 아티스트는 200여 명에 달한다.

박한다. 팬덤을 기반으로 하고 있는 덕에 구독유지율도 90%대에 달한다. 안정적인 수익을 내며 급성장하고 있는 이유다. 특히 2020년 말 JYP엔터테인먼트까지 가세하며 소통가능한 아티스트의 수를 늘렸다. SM과 JYP를 포함한 23개의 엔터테인먼트 기업들과 계약을 체결한 상태다. 버블로 소통할 수 있는 아티스트는 200여 명에 달한다.

소통 방법은 간단하다. 버블 앱을 깔고 카카오톡과 유사한 첫 화면에 나열되어 있는 아티스트를 골라 '버블 친구추가'를 하면 된다. 단 서비스는 유료다. 아티스트 한 명과 대화를 주고받으려면 월 4,500원을 지불하도록 되어 있다. 총 9명의 걸그룹과 대화를 하고 싶다면 각각 결제를 해야 한다. 대신 다수의 아티스트를 결제할 경우 소폭 할인이 적용된다. 회사 입장에선 이익의 극대화를, 팬들의 입장에선 각 그룹마다 좋아하는 멤버하고만 개별 이용권을 구매해 소통할 수 있다는 장점이 있다. 지인해 한화투자증권 연구원은 이에 대해 "전 세계 증시에서는 처음으로 선보이는 수익모델"이라고 평가하기도 했다. 전체

아티스트가 보는 버블
유튜브 영상

거래금액 중 30%는 구글 등에 지불하는 플랫폼 수수료로 쓰인다. 30%는 아티스트 수익 배분을 위해 기획사에게 '지급수수료' 항목으로 지불된다. 나머지 40%가 디어유의 순수익인 셈이다.

인기 아이돌 그룹 멤버는 버블 이용권을 구매한 팬에게 "오늘 날씨가 너무 춥네요. 따뜻하게 입고 나가요. ^^" 등의 메시지를 보낸다. 사업 초기 팬들 사이에서 인공지능(AI)이 보내는 메시지라는 의구심이 가득했지만 회사 측은 이를 적극 부인했다. 기본적으로 버블은 아티스트가 작성한 메시지는 자신을 구독한 팬에게 일괄적으로 보내지도록 구성되어 있다. 일종의 친근하게 작성한 '단체 메시지'인 셈이다. 대신 아티스트가 특정 기호를 입력하면 구독한 팬의 닉네임으로 자동으로 변환되어 메시지가 발송된다. 예를 들어 '%%야 밥먹었어?'라고 보내면 '아라'가 닉네임인 팬에겐 '아라야 밥먹었어?'로 보내지는 식이다. 해외 팬에게는 자동 번역 시스템을 통해 각국 언어로 메시지가 전달된다.

상장 대박, 몸값 높아진 디어유

디어유의 장점으론 높은 이익율과 함께 팬과 아티스트 간의 선순환 구조로 꼽힌다. 아티스트 입장에서는 활동 비수기에도 자신들의 팬들로부터 칭찬이나 위로를 받을 수 있다. 버블을 통해 팬들에게만 제공되는 팬서비스를 통해 팬덤이 더욱 끈끈해지는 효과도 있다. '찐팬'들이 늘어날수록 지속가능한 수익이 가능해진다.

디어유 출범 이후 2년 만에 코스닥 시장에 상장한 디어유는 IPO(기업공개)에서도 흥행에 성공했다. 일반투자자 대상 공모주 청약에서 경쟁률이 1,598대 1을 기록, 전체 증거금은 약 17조 원이 몰렸다. 향후 단순 채팅 서비스를 넘어 메타버스 공간에서 아티스트와 교류하는 서비스로 발전될 수

팬심을 기반으로 한 산업(팬더스트리)은 점차 확대되고 있다. 디어유는 버블을 비롯해 아티스트를 활용한 다양한 수익구조를 개발중이다.

출처: 디어유

있다는 기대감에 투자자들이 더욱 몰렸다.

회사 측은 현재 확보한 아티스트를 넘어서 배우, 해외 아티스트는 물론 스포츠스타까지 영역을 넓히겠다는 구상이다. 단순한 수익구조를 확대하기 위해 아티스트의 손글씨, 이모티콘, 패션브랜드와의 협업을 통한 상품 판매 등도 계획하고 있다. 2022년 초 출시 예정인 마이홈은 일종의 싸이월드 미니홈피 꾸미기와 유사하다. 스토어에서 캐릭터 등을 구매하는 방식이다.

전문가들은 나아가 메타버스를 접목한 버블 월드, 프로필 화면을 활용한 대체 불가능한 토큰(NFT) 등까지 사업이 확대될 것으로 보고

있다. 가상세계에서의 내방을 내가 좋아하는 아티스트와 관련된 것들로 꾸며놓고 이들과 화상 혹은 채팅으로 소통하며 팬과 아티스트가 한층 더 가까워질 시대가 머지않아 펼쳐질지도 모르겠다. 디어유의 성장 속도와 방향에 시장의 관심이 쏠려 있는 이유다.

아직은 두려운 것들이 많다. 닷컴열풍이 닷컴버블과 같은 말이 되었듯 플랫폼 기업의 힘이 강해질수록 슬픈 결말을 우려하는 이들이 늘어나고 있기 때문이다. 예측 불가능한 중국 정부의 플랫폼 기업에 대한 철퇴와, 국내는 물론 전 세계적으로 강화되는 규제도 걱정을 키우는 요소다. 하지만 섣부른 공포는 시야를 가리기 십상이다. 이번 장을 통해 우리를 두렵게 만드는 요소를 점검한다면 한결 마음이 편해지지 않을까?

5장

아직은
두려운 것들

닷컴버블이 주는
교훈

현재와 같은 버블 상태가 어떤 결과로 이어질지 알 수 없는 노릇이다.
우리에게 필요한 것은 '학습된 버블'은
과거와 같은 큰 충격을 가져다주지 않을 것이란 믿음이다.

질문으로 시작해보자. 온갖 신선식품을 새벽 배송해주는 '쿠팡 프레시', 슈퍼에서 장보듯 물건을 고르면 배달해주는 '배달의 민족 B마트'의 원조가 있다면 어느 회사일까? 아마존? 알리바바?

정답은 20년 전 미국 벤처기업의 상징이었던 웹밴이다. 지금은 익숙한 개념이지만 당시 '온라인 슈퍼마켓' '당일배송'을 표방한 이들은 도전의 아이콘이었다. 식료품이나 생필품을 온라인으로 주문받아 집 앞까지 배송해주겠다니 20년 전엔 혁신적인 사업아이템으로 불릴 만했다.

웹밴은 1996년 서점체인 보더스의 창업자 루이스 보더스가 세운 회사다. 당시 참신한 사업 아이템을 갖춘 데다 업계 최고의 인력을 최고경영자(CEO)와 이사회 임원으로 영입하면서 수억 달러의 투자를 이끌어내기도 했다. 이후 거침없이 성장했다. 웹밴은 창업한 지 2년 만에 2억 6천만 달러의 매출을 올리며 미국 창업 열기를 대표하는 기업으로 떠올랐다. 곳곳에서 닷컴열풍의 대표주자로 웹밴을 꼽았을 정도다.

증시 데뷔도 성공적이었다. 1999년 11월 상장 첫날 시초가는 15달 러였지만 당일 34달러까지 주가가 치솟았다. 시총은 87억 달러에 육박했다. 골드만삭스 등 투자은행들은 인터넷 열풍을 이끌 유망기업으로 웹밴을 추천했다.

웹밴의 몰락, 파티는 오래가지 않았다

그러나 이들의 파티가 오래가진 못했다. 3년 안에 미국 전역에 26개의 매장을 내겠다는 청사진을 제시했지만 기존 슈퍼마켓보다 큰 매장 규모와 배송 인프라를 구축하는 데 막대한 자금이 투입되어야만 하는 한계가 있었다. 닷컴버블의 후폭풍으로 경기가 침체되자 고객들의 주문도 급감했다. 추가 투자금을 유치하는 것은 더욱 어려운 일이었다. 그렇게 2년간 10억 달러의 돈을 날린 웹밴은 결국 2001년 7월 파산신청을 하게 된다.

회사의 추락에 대해 로버트 스완 웹밴 CEO는 "확장 계획을 줄여서 운영손실을 겨우 막아왔지만 역부족이었다"라며 "지금과 같은 상황이 아니었다면 우리의 비즈니스모델은 성공적이었을 것"이라고 밝힌

| 닷컴버블의 충격 |

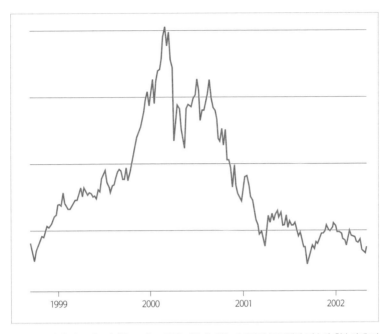

닷컴버블 당시 미국 나스닥지수 그래프. 닷컴 기업에 대한 기대감에 급등했던 지수가 한순간에 거품이 꺼지면서 급락했다.

출처: 야후파이낸스

것으로 전해진다. 닷컴열풍의 가장 큰 수혜를 입었던 기업이 결국 닷컴버블이 부메랑이 되어 몰락한 셈이다. 에드워드 리머 미 UCLA 경영대학원 교수는 "1990년대 말 미국경제의 생산성 향상 동력은 IT혁신이었다"라며 "문제는 비전없는 기업에 필요 이상의 돈이 투자되었다는 점"이라고 지적하기도 했다.

닷컴버블의 후폭풍은 거셌다. 2000년 3월 고점(5048.62)을 찍은 나스닥은 2년 7개월 만인 2002년 10월에 1114.11까지 추락했다. 이 과정에서 웹밴과 같이 스러져간 기업들이 적지 않았다. 현대경제연구원에 따르면 2000년 한 해에만 130개 이상의 미국 닷컴 기업이 문을 닫았고 1만 명이 일자리를 잃었다.

당대 최고의 부자들도 휘청였다. 1999년 1년간 85.6% 폭등했던 나스닥지수는 2000년 39.29% 급락했다. 파이낸셜타임스에 따르면 당시 빌 게이츠 마이크로소프트(MS) 회장의 재산은 870억 달러에서 320억 달러로 쪼그라들었다. 한때 세계 2위 부자로 이름을 올렸던 손정의 일본 소프트뱅크 회장 역시 기술주 거품이 붕괴되면서 690억 달러였던 재산이 40억 달러까지 줄었다.

미국만의 일은 아니었다. 2년간 버블이 붕괴되는 과정에서 글로벌 주식시장에서 사라진 자금은 10조 달러가 넘는 것으로 추정된다. 영국 온라인 의류업체 부닷컴(Boo.com)의 경우 창업 1년 반 만에 1억 3천만 달러의 자금을 소진한 채 2000년 5월 도산했다.

계획 경제를 통해 빠르게 성장하던 중국도 마찬가지였다. 버블이 꺼져가는 과정에서 인터넷 사이트를 매각하는 독특한 경매가 등장했을 정도다. 실제 우후죽순 생긴 인터넷 사이트를 경매를 통해 판매하는 행사가 진행되었다. 200여 개에 달하는 사이트가 매물이었다. 1위안부터 수천만 위안까지 가격은 천차만별이었다. (당시 인터넷 시장이 미국만큼 성장하지 않았던 터라 '버블'이라 칭할 수 없다는 이들도 있었지만 닷컴버블 이후 흉흉했던 각국의 실상을 보여주는 사례다.)

순식간에 꺼진 거품, 전 세계를 삼키다

'선영아 사랑해'(이걸 보고 갑자기 무슨 말인지 이해하지 못한다면 Z세대일 확률이 높다.) 2000년 전국을 강타했던 티저 광고다. 누구나 한 번쯤 선영이가 누군지 궁금해 했을 만큼 전국적인 화젯거리가 되었다. 이 광고가 알리고 싶었던 회사는 여성 포털사이트 '마이클럽닷컴.' 닷컴 열풍 속에서 탄생한 하나의 사이트다.

닷컴(.com)이 아닌 'co.kr'이란 도메인을 쓰는 국내 인터넷 사이트는 1997년 이후 반년마다 약 2배씩 그 숫자가 급증했다. 골드뱅크도 그 과정에서 생겨난 회사다. 1997년 인포뱅크라는 이름으로 시작한 이 회사는 사명을 골드뱅크로 바꾸고 코스닥 시장에 상장했다. '광고를 보면 돈을 준다'는 획기적인 아이디어로 16일 연속 상한가를 기록하며 존재감을 드높였다.

하지만 1999년 매출이 114억 원에 불과하던 이 회사가 기록한 영업 손실은 116억 원에 달했다. 같은해 다음, 새롬기술, 옥션, 인터파크 등 닷컴 기대주 가운데 영업이익을 낸 회사는 단 한 곳도 없었다. 하지만 이듬해인 2000년 한 해에만 400개의 벤처기업이 생겨났다. 버블이 정점에 달하던 시기였다. 미국이 그랬든 기존 사업과 무관하게 '닷컴'이란 이름만 붙이면 시장의 기대치는 곱절로 뛰었다. 인터넷 시대로 접어드는 과정에서 미래에 대한 지나친 기대감과 이를 이용하려는 인간의 욕망이 절정에 달했던 시기로 풀이된다.

버블이 고점에서 붕괴되자 미국 나스닥과 마찬가지로 국내 코스닥지수도 급락했다. 2000년 3월 고점인 283(지금 코스닥지수 기준 2830, 2004년 100을 기준 지수로 삼던 코스닥지수는 10배를 곱한 1000을 기준 지수로 변경했음)을 기록했던 코스닥지수는 연말 5분의 1 수준인 53으로 떨어졌다. 같은 기간 코스닥에 등록된 벤처기업으로 구성된 벤처지수는 787에서 92로 하락했다.

당시 여세를 몰아 나스닥까지 진출했던 기업들도 새로운 수익사업을 찾지 못해 쇠락의 길을 걸었다. 미국 나스닥 상장 1호 기업인 반도체 검사장비 제조사인 미래산업을 비롯해 두루넷, 이머신즈, 하나로텔레콤, 그라비티, 웹젠 등은 거품이 꺼지면서 아메리카 드림의 꿈을 이뤄내는 데 실패하고 만다.

닷컴버블은 이처럼 여러 요인이 빚어낸 흑역사다. 특히 돈을 벌지 못하는 기업들에 눈 먼 돈들이 몰렸으니 위태롭게 부풀어 오른 버블이 터져버리는 것은 당연했다. 당시 미국 내 닷컴 기업의 90%가 수익을 내지 못했고 80%가 현금이 메마른 채 적자에 허덕여야 했다.

벤처기업을 표방했지만 머니게임에 몰두한 기업들이 몰락을 자초했다는 평가도 나온다. 특히 일부 경영자들은 부도덕한 행동들로 벤처 정신을 크게 훼손시켰다. 한동안 벤처 창업가에 대한 시선이 곱지만은 않았던 이유도 이 때문이다.

버블이 꺼지며 코스닥지수가 추락한 것도 닷컴 기업들의 쇠락을 부추겼다. 높은 기업 가치를 인정받아 스톡 옵션으로 자신의 주머니를 채우고 사업 자금을 조달하기 위해 상장에만 몰두하던 이들은 코스닥 상승세가 꺾이자 악화일로를 걷게 되는 경우가 다수였다.

반복되는 버블, 위드 버블 시대?

문제는 버블이 반복된다는 점이다. 역사적으로 돈이 흘러넘치는 곳엔 늘 버블이 존재했다. 버블은 경제를 일으키기도 하고 잘나가던 경제를 끌어내리기도 한다. 일본 경제학자 오바타 세키는 '버블 애프터 버블'이 버블의 기본 구조이자 본질이라고 했다. 버블 다음에 버블이 오고, 버블이 붕괴하면 이를 구제하기 위해 버블이 만들어진다는 것이다.

역사를 경험한 이들은 코로나19 사태 이후 V자 반등을 이뤄낸 주식시장과 가파른 오름세를 보이고 있는 부동산 등이 새로운 버블에 올라타 있다고 말한다. 닷컴버블은 물론 2008년 금융위기를 촉발한 리먼브라더스 사태 등은 '버블은 언젠가 터진다'는 것을 증명해왔다.

어떤 이들은 오는 2023년에 최악의 '트리플 버블'이 올 것이라고 단언한다. 2022년 코로나19 충격에서 완전히 벗어난 각국에서 2년간 응축됐던 소비가 폭발하고 공급이 수요를 따라가지 못하면서 물가가 치솟을 것이란 분석이다. 이 때문에 화폐가치가 급락하고 금리는 치솟으며 부동산, 주식시장이 연달아 붕괴될 것이란 시나리오다. 한상완 2.1 지속가능연구소 소장은 "그동안 승승장구하면서 시장을 독점하다시피 해온 기업일수록 타격이 더 클 것"이라며 "급감하는 매출과 높은 비용구조로 인해 거대공룡으로 성장한 언택트 기업은 휘청거리고, 엄청난 숫자의 인력이 해고통지서를 받아들게 될 것"이라고 언급하기도 했다.

| 사라진 기업들 |

닷컴	사업 도메인	해고인력(명)
Boo.com	의류 retailer	400
Petstore.com	애완동물 retailer	200
Reel.com	헐리우드 영화 retailer	200
Digital	10대들을 위한 엔터네인먼트	200
Toysmart.com	장난감 retailer	170
APBNews.com	범죄 관련 뉴스 제공	140
Programs Inc	자연식품 retailer	111

닷컴버블 당시 도산하거나 철수한 미국의 닷컴기업들. 닷컴버블의 여파로 미국은 물론 국내 기업들까지 줄줄이 문을 닫기도 했다.

출처: 삼성경제연구소

하지만 우리가 마주할지도 모르는 '플랫폼 버블'은 과거 여느 버블과는 다르다는 분석도 상당하다. 닷컴버블 때처럼 실적 없는 기업에 눈 먼 돈이 몰리는 경우가 많지 않아서다. 실제 국내 기업들은 분기 사상 최고 기록을 경신하고 있다. BBIG(바이오·배터리·인터넷·게임)으로 불리는 코로나19 이후 주도주들은 국내 기업들이 그간 얼마나 미래를 착실히 준비해왔는가를 보여준다. 코스피지수가 코로나 최저점(2020년 3월 19일, 1457.64) 이후 '삼천피'까지 가파르게 내달리면서 곳곳에서 제기되었던 버블 붕괴론도 이내 증시가 새로운 박스권에 갇히자 사그라들었다. 건강한 조정을 거치며 다시 한 번 상승할 힘을 모으고 있다는 이유에서다.

역사는 반복된다. 그러나 완전히 복제된 역사는 아니다. 닷컴버블은 우리에게 '파티가 최고조에 달했을 때 예상치 못한 위기가 찾아온다'는 교훈을 줬다. 현재와 같은 버블 상태가 언제까지 이어질지, 아니면 더욱 부풀어 오를지는 알 수 없는 노릇이다. 다만 우리에게 필요한 것은 '학습된 버블'은 과거와 같은 큰 충격을 가져다주지 않을 것이란 믿음이다. 어쩌면 '위드 버블(with bubble)' 시대를 살아갈지도 모르는 우리는 이를 반드시 명심해야 한다.

야후와 블랙베리가
실패한 이유

플랫폼 기업이 대세가 된 지금,
야후와 블랙베리가 주는 교훈이 가장 필요한 시점일지도 모르겠다.
때론 성공한 기업보다 실패한 기업에게서 배울 수 있는 게 더 많지 않을까?

알바타(Albata)? 아무리 봐도 낯선 이름이다. 아마 한 번도 접해보지 못했다고 답하는 사람이 대부분일 것이다. 그렇다면 야후라는 이름은 어떨까? 2017년 6월 알바타라는 새로운 이름을 얻게 된 이 회사의 개명 전 이름은 '야후'다. 인터넷 시대를 대표하던 우리가 아는 그 야후가 맞다. 100조 원이 넘는 몸값을 자랑하던 야후는 2016년 미국 통신 공룡인 버라이즌에 44억 8천만 달러(약 5조 원)에 매각되며 역사 속으로 사라졌다. 그마저도 인터넷 사업 부문은 AOL과 통합되어 오스(Oath)라는 이름으로 바뀌었다. 야후가 전 세계를 호령하던 당시에는 누구도 이런 초라한 결말을 예상치 못했다. 당시엔 지금의 네이버가 20여 년 뒤 망할 수 있다는 상상을 하는 것과 같으니 말이다.

'Do you Yahoo?'

야후는 1994년 미국 스탠포드 대학 공대 박사과정인 제리 양과 데이빗 파일로가 설립한 검색포털 업체다. 초기 야후는 인터넷 웹사이트를 카테고리별로 분류해 소개하는 단순 중개 플랫폼에 그쳤다. Jerry's Guide to the World Wide Web이라는 회사를 야후로 바꾼 것은 1995년이었다. Yahoo라는 이름은 소설 '걸리버 여행기'에 나오는 야후족에게서 모티브를 얻어 지어진 이름으로 알려져 있다. 이후에는 'Yet Another Hierarchically Organized Oracle(또 하나의 체계적인 조언자)'라는 뜻으로 풀이되었다.

초기 야후는 일일이 새로운 웹사이트를 찾아서 정보를 제공해주기만 하면 되었다. 포털 사이트의 초기 버전이었던 셈이다. 단순한 기능이었지만 반응은 폭발적이었다. 인터넷이 사람들에게 막 전파되기 시작한 시절엔 야후가 제공하는 웹사이트 정보가 무엇보다 유용했다. 야후가 1996년 나스닥에 상장하자 투자자들은 열광했다. 'Do you Yahoo?'라는 슬로건을 앞세운 야후는 글로벌 1위 검색 포털로 성장했다. 1997년 이후 약 550개의 광고주를 확보했을 정도다. 전 세계인이 사용하는 강력한 플랫폼이란 힘 덕분이었다. 실제 당시 야후의 페이지뷰는 월평균 10억 뷰에 달했다. 단순 검색에서 이메일, 뉴스, 연예, 금융 등과 같은 새로운 콘텐츠로 영역을 넓혀나간 것이 주효했다. 누구나 거쳐가야 하는 관문이자 동시에 모든 것이 이뤄지는 플랫폼으로 진화한 셈이다.

닷컴열풍이 정점에 달하던 2000년 1월 야후 주가는 정점에 달했다. 하지만 버블이 붕괴되자 인터넷 기업들이 떠내려가는 거센 물살에선 자유롭지 못했다. 고성능 검색엔진을 장착한 구글의 맹추격도 야후에겐 큰 위협이 되었다. 닷컴버블이 꺼진 충격에 몰락한 인터넷 기업들과 달리 죽지 않고 살아남은 야후는 살아갈 방법을 찾아나섰다. 사진 공유 사이트인 플리커, 사용자가 속한 지역사회의 행사 일정을 알려주고 자신의 일정을 다른 사람과 공유할 수 있는 사이트인 업커밍, 즐겨찾기 공유 사이트인 딜리셔스 등을 공격적으로 인수한 것도 구글과의 본격적인 경쟁을 위해서였다. 마이크로소프트(MS)는 2008년 이런 야후를 446억 달러(50조 2329억 원)에 인수하겠다고 제안했지만 야후는 단칼에 이를 거절했다. (이 제안을 거절한 것을 두고 업계에선 야후의 여러 가지 잘못된 선택 가운데 최악의 선택이란 평가를 받았다. 물론 2001년 30억 달러에 자신들을 인수해달라고 요청했던 구글을 더욱 헐값에 매수하려다 실패하거나, 페이스북 인수 협상 도중 낮은 인수가를 제시해 마크 저커버그와 협상이 결렬되었던 사례도 있다.)

색깔을 잃자 배는 침몰했다

수차례 최고경영자(CEO)를 교체하고 창업자인 제리 양을 다시 회사로 복귀시켜 부활을 꾀했던 야후였지만 결국 실패로 돌아갔다. 버라이즌의 품에 안겨 새 출발을 꿈꿨지만 미디어 제국의 꿈을 키웠던

인터넷 시대를 대표했던 야후는 최고의 검색 포털로 성장했지만 영광을 오래 지키지 못했다.

출처: 야후

버라이즌이 이를 포기하면서 결국 야후와 AOL이 속한 미디어사업부는 미국 사모펀드인 아폴로 글로벌 매니지먼트 손에 넘어갔다.

전문가들은 야후가 몰락한 가장 큰 이유는 '검색=구글'과 'SNS=페이스북'과 같은 뚜렷한 색깔을 찾지 못했기 때문이라고 보고 있다. 세계 최대 포털기업으로 성장했지만 핵심축이 없는 상태에서 문어발식 확장을 이어오다 보니 쌓아둔 모든 것이 무너져버렸다는 분석이다. 애플의 창업자 스티브 잡스 역시 "나는 야후가 콘텐츠 회사인지 테크놀로지 회사인지 잘 모르겠습니다. 하나만 고르십시오. 저라면 어떤 방향을 선택할지 이미 알고 있습니다"라고 했다. 전혀 다른 회사의 수장이었지만 야후의 단점을 정확히 짚어낸 발언이었다.

국내에 적용해도 마찬가지다. 수많은 분야로 진출해 있는 네이버와 카카오의 경우에도 네이버는 검색, 카카오는 톡메신저 등 뚜렷한 정체성을 지니고 있다. 거대 플랫폼을 지탱할 수 있는 핵심 역량을 확보하는 게 얼마나 중요한지를 보여주고 있는 셈이다.

위기를 알아차리는 것도 실력

또 하나의 실패 사례가 있다. 스마트폰의 대명사로 불렸던 '블랙베리'다. 무선호출기(삐삐)를 만들던 RIM은 2003년 블랙베리로 기업용 휴대폰 시장을 제패했다. 블랙베리는 아이폰 이전에 직장인이라면 누구나 갖고 싶어 했다.

블랙베리가 곧 스마트폰을 뜻했다. 지금은 언제 어디서나 스마트폰으로 이메일 확인이 가능하지만 과거엔 오직 블랙베리 이용자만 누릴 수 있는 특권이었다. 블랙베리의 인기는 '블랙베리 증후군(BlackBerry Thumb)'을 낳을 정도였다. 블랙베리 증후군이란 블랙베리 사용자가 이메일을 주고받기 위해 엄지손가락을 반복적으로 사용하는 과정에서 엄지뿐만 아니라 손바닥 전체에 심한 통증이 발생하는 질환을 뜻했다. 스마트폰을 통해 긴 글을 쓰는 게 익숙지 않았던 시절의 일이었다. 이메일을 쓰다가 손바닥 전체에 통증을 느낀다고 하면 아마 지금은 웃음거리가 될지 모른다. 하지만 당시엔 블랙베리 증후군을 정식 직업병의 하나로 인정하기도 했다.

스마트폰에서 이메일을 주고받을 수 있게 만든 블랙베리 탓에 퇴근 후에도 업무를 해야 하는 부작용이 생겨났다는 기사도 줄을 이었

| 자취를 감춘 블랙베리 |

원조 스마트폰으로 불리던 블랙베리는 시대의 흐름에 따라가지 못한 채 성공에 취해 몰락의 길을
걸어야만 했다.

출처: 블랙베리

다. 북미지역 호텔에서는 투숙객을 상대로 엄지손가락과 손목 근육을
풀어주는 신형 마사지서비스 '블랙베리 밤(Balm)'도 유행이 되었다.
2008년엔 오바마 대통령이 사용하는 오바마폰으로 이름을 떨쳤다. 브
래드 피트, 레오나르도 디카프리오, 패리스 힐튼 등 수많은 유명 인
사들이 블랙베리 유저라는 점을 드러내기도 했다.

　큰 인기를 누린 블랙베리는 추락하는 속도도 빨랐다. '아이폰'의 등
장에 속수무책으로 고꾸라진 것이다. 2011년 195억 달러에 달했던 연
간 매출은 10년도 지나지 않은 2019년엔 10억 달러까지 줄었다. 수년간
적자도 이어졌다. 145달러까지 치솟았던 주가도 7달러까지 떨어졌다.

버튼식 키보드 자판을 없앤 아이폰이 처음부터 블랙베리를 위협한 것은 아니었다. 오히려 버튼식 키보드가 없는 아이폰이 비웃음을 샀다. 스티브 잡스가 공개석상에서 블랙베리를 향해 '뻔한 제품'이라고 비판했지만 블랙베리를 만드는 RIM의 CEO들은 꿈쩍도 하지 않았다. 블랙베리에 익숙해진 고객들의 충성심을 믿었기 때문이다. (실제 블랙베리에 빠진 고객들 때문에 블랙베리가 마약과 같다는 의미에서 크랙베리라는 별명이 생기기도 했다.) 극심했던 인기는 RIM 경영진을 오만하게 만들었다. 블랙베리는 아이폰을 무시한 채 전과 같이 가던 길을 걸었다. 대신 보안성과 안정성을 더욱 어필하는 전략을 택했다. 이메일이 가능한 스마트폰 블랙베리에 매료된 기업 고객들이 이탈할 것이란 생각은 추호도 하지 못했다.

그러나 RIM 경영진의 안일한 태도는 블랙베리의 몰락으로 이어졌다. 위기를 위기로 받아들이지 못하며 많은 시간을 허비한 탓이다. 블랙베리가 변화를 인지하지 못한 채 정체되어 있는 사이 애플은 아이폰을 더욱 스마트하게 만들었다. 블랙베리를 고집하던 직장인들은 점차 아이폰으로 갈아타기 시작했다. 그제서야 위협을 느낀 블랙베리는 아이폰과 같은 터치스크린 방식의 스마트폰 '블랙베리 스톰'을 출시하는 악수를 두게 된다. 터치스크린만 흉내 낸 블랙베리에겐 온갖 혹평이 쏟아졌다. 아이폰에게 밀려난 블랙베리는 아이패드의 등장에 기업 고객들로부터 완전히 소외되었다.

블랙베리의 실패는 추격자를 무시한 경영진의 오만함과 시대의 변화를 읽어내지 못한 통찰력의 부족 등이 합쳐진 결과물이다. 직장인들이 PC가 아닌 기기로 유일하게 이메일을 주고받을 수 있는 엄청난 시장을 장악했지만 당장의 인기에 취해 미래를 제대로 준비하지 못했다.

이 책을 통해 소개한 플랫폼 기업들 역시 누구나 야후와 블랙베리가 될 수 있다. 사업을 문어발식으로 확장하는 과정에서 자신만이 가진 핵심 정체성을 놓치거나 당장의 인기에 눈이 멀어 미래를 내다보지 못할 경우에 말이다. 플랫폼 기업이 대세가 된 지금이 야후와 블랙베리가 주는 교훈이 가장 필요한 시점일지도 모르겠다. 때론 성공한 기업보다 실패한 기업에게서 배울 수 있는 게 더 많지 않을까?

중국은 왜
플랫폼 기업을 규제할까?

규제산업에 있어 정부의 역할이 얼마나 중요한지 우리에게 주는 시사점도 적지 않다.
전 세계에서 급성장해온 플랫폼 기업에 대한 각국의 규제가
곳곳에서 발발하고 있는 만큼 대비가 필요한 시점이다.

브라질에 간만에 비가 내렸다. 가뭄을 해소하는 단비였다. 한 투자자는 이를 보고 스타벅스 주식을 산다. 가뭄이 해소되면 커피 원두 값이 진정되고, 그 결과 스타벅스의 원가경쟁력은 더 높아질 것이란 계산이었다. 스타벅스의 실적 개선 기대감이 주가를 끌어올릴 것으로 본 것이다. 미국의 경제학자 피터 나바로는 이처럼 증시를 움직이는 시장 밖 사례에 주목해야 한다고 했다. '나비효과'가 경제에 미치는 영향은 갈수록 커지고 있다. 글로벌 경제가 톱니바퀴처럼 맞물려 돌아가기 때문이다.

최근 중국에서 벌어진 '규제 쇼크'도 마찬가지다. 정부 주도로 고속성장을 해온 중국 경제의 아킬레스건은 늘 규제였다. 자국 산업을 통제하려는 중국 정부의 움직임은 더 이상 중국만의 일이 아니다.

2002년 중국발(發) 전자파 규제 당시에도 그랬다. 월스트리트저널(WSJ) 등 외신은 중국 정부가 2002년 하반기 휴대폰에서 발생하는 전자파 흡수율을 세계에서 최저 수준인 1w/kg로 제한하는 '전자파 인체보호기준'을 확정할 것이라고 보도했다. 글로벌 휴대폰 시장은 요동쳤다. 세계 최대 마켓인 중국 시장에서 휴대폰을 판매하기 위해선 정부 규제를 울며 겨자먹기로 따라야 하기 때문이다.

중국 정부의 갑작스러운 움직임에 노키아 중국 현지 법인의 데이비드 하틀리 CEO는 "독일 및 미국에서도 휴대폰 1kg당 최대 2w(와트)의 전자파까지 허용하고 있다"며 "중국 정부의 최근 움직임은 이해하기 힘들다"고 불만을 털어놨다. 하지만 이에 맞춘 제품을 개발하지 않을 수 없었다. 기준을 맞추느냐, 맞추지 못하느냐에 따라 기업 실적이 좌우되기 때문이었다. 중국 정부가 규제를 통해 글로벌 기업들의 제품 표준을 주도하는 셈이 되었다.

시진핑의 공동부유가 가져온 후폭풍

적절한 규제는 효율성과 혁신성을 자극한다. 규제의 긍정적인 요소다. 반대로 과도한 절차나 상황에 맞지 않는 규제는 생산성과 경쟁력을 크게 떨어뜨린다. 규제의 목표가 생산성을 높이는 데 국한되어 있는 것은 아니지만 규제가 시장 곳곳에 미치는 영향력은 상상 이상으로 크다.

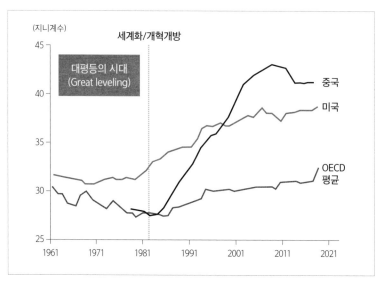

중국 정부는 극심한 빈부격차가 국가적인 문제로 떠오르자 다같이 잘사는 '공동부유'를 내걸었다.
이는 기업들를 향한 날카로운 규제의 화살로 돌아오기도 했다.

출처: 삼성증권

중국 정부의 예상치 못한 철퇴는 시장에 더 큰 충격을 준다. 최근에
는 시진핑 중국 국가주석의 공동부유(共同富裕) 정책이 전면에 부각되
면서 기업들을 향한 칼질이 더욱 날카로워졌다. 덕분에 중국은 더욱
예측하기 어려운 시장이 되었다. 손정의 소프트뱅크 회장은 이런 중
국을 향해 "중국의 규제, 단속을 예측하기 어렵다"며 투자 중단을 선
언했다.

공동부유는 '다 같이 잘살자'는 뜻이다. 시 주석은 덩샤오핑 이후
가파르게 성장한 중국 경제가 심각한 빈부격차를 초래했다고 봤다.

그간 규제를 풀어 경제를 성장시키는 데 방점을 둔 정책을 펴온 중국이 '분배'로 핸들을 튼 이유다. 갑자기 양극화를 문제삼은 것은 시 주석이 장기집권을 위해 민심 다스르기에 나선 것이라는 분석이 나온다.

실제 중국 내 빈부격차는 심각한 수준이다. 상위 20%의 가처분 소득이 하위 20%의 10배 이상이다. 스위스크레딧에 따르면 중국의 소득 지니계수는 2000년 59.9에서 2020년 70.4로 뛰었다. 세계에서 가장 소득이 불평등한 나라로 꼽히는 이유다.

한 통계에 따르면 중국 인구 가운데 6억 명이 월 1천 위안(약 17만 원) 이하의 소득자다. 반면 포브스의 '2021년 억만장자 리스트'에 따르면 베이징시에만 100명의 억만장자가 존재하는 것으로 나타난다. 뉴욕(99명)보다 많은 숫자다.

상장도 물거품, 예측불가 차이나

증시 상장 직전에 이를 중단시킨 앤트그룹 사례가 예측 불가능한 중국 경제의 단면을 보여주는 대표적인 사례다. 앤트그룹은 중국 알리바바그룹 계열 핀테크(금융기술)업체다. 알리페이의 성장과 함께 세계 최대 핀테크 회사로 성장했다. 알리페이 결제 서비스 고객은 8억 4천만 명. 중국 온라인결제 시장에서 53%의 점유율을 확보하고 있다.

이런 성장 배경에는 중국 정부의 적극적인 지원이 결정적인 역할을 했다는 분석이 지배적이다. 헝다연구원의 수석경제학자 런저핑

| 앤트그룹 구조도 |

앤트그룹은 중국 정부의 철퇴를 맞은 대표적인 기업으로 꼽힌다. 앤트그룹은 중국 알리바바그룹 계열 핀테크(금융기술)업체다.

출처: 미래에셋증권

(任澤平)은 "2018년 이전 중국 금융당국, 산업주관부처가 신성장 동력을 보호하기 위해 과도한 시장규제를 가하지 않은 것이 중국 핀테크 산업 급성장의 주요인"이라고 분석했다.

중국 정부의 호의적인 정책에 힘을 받아 성장한 앤트그룹이지만 결국 정부가 발목을 잡았다. 초유의 상장 중단 사태가 바로 그것. 앤트그룹은 미국판 나스닥으로 불리는 중국 상하이 증시 커창반(科創板·과학혁신판)과 홍콩증권거래소에 동시 상장할 계획이었다. 상장 직전까지 모든 과정이 순탄했다. 이미 커창반과 홍콩거래소에서 상장 심사를 통과하고 공모 신청을 마친 상태였다. 상장을 앞둔 앤트그룹에 투자자들의 관심은 역대급이었다.

홍콩에서 공모주 청약을 신청한 개인 투자자는 155만 명. 2006년 공상은행 상장 당시 97만 명을 훌쩍 넘으며 역대 최대치 기록을 갈아치웠다. 청약 증거금도 1조 3,100억 홍콩달러(약 190조 원)로 기존 기록(농푸산취안, 6,777억 홍콩달러)을 깨고 새 역사를 썼다. 커촹판 청약 신청액은 19조 500억 위안(약 3,230조 원)이란 천문학적 금액을 기록하기도 했다. 앤트그룹은 상하이·홍콩 동시 상장으로 세계 최대 기업공개 규모인 약 340억 달러(약 38조 4천억 원)의 자금 조달을 눈 앞에 두고 있었다.

하지만 모든 게 물거품이 되었다. 상장 이틀 전 상하이거래소는 앤트그룹의 상장을 무기한 보류한다고 공지했다. 홍콩거래소 역시 상장 중단 소식을 전했다. 시장은 충격에 빠졌다. 청약 수요가 부족해 상장이 철회된 경우를 제외하고 전례가 없는 일이 펼쳐졌기 때문이다. 앤트그룹 상장으로 40조 원을 조달해 '금융 제국'을 확장하려던 마윈의 계획이 상장을 48시간도 남겨두지 않은 시점에 중국 당국의 제동에 가로막힌 것이다.

상장 중단 발표 하루 전, 중국 금융당국은 마윈과 앤트그룹 경영진을 불러 면담했던 것으로 전해진다. 이 때문에 중국 정부가 앤트그룹에 최대주주인 마윈의 지분을 처분하라고 요구했지만 이를 듣지 않아 상장이 중단되었다는 얘기가 나왔다.

일각에선 마윈이 최근 한 금융포럼에서 "금융당국이 위험관리를 내세워 지나치게 보수적으로 금융회사를 감독하고 있다"고 비판한 게 상장 중단이란 조치로 이어졌다는 해석을 내놨다. 마윈은 중국 은행을 담보와 보증만 요구하는 '전당포'에 비유하며, "중국 금융의 전당포 정신이 가장 심각한 문제"라며 "우리(중국)는 규제에는 강하지만 (발전을 지켜보며) 감독하는 능력은 부족하다"고 비판했다.

상장 중단 소식이 전해지자 뉴욕 증시에 상장된 알리바바의 주가는 장중 9%까지 폭락했다. 블룸버그통신은 상장 철회 후 반년 만에 앤트그룹의 기업가치가 최소 700억 달러(약 79조 원)에서 최대 2,050억 달러(약 231조 원)까지 증발했다고 보도하기도 했다.

예고된 리스크, 피하는 게 상책?

시장에선 중국의 '정부 규제 리스크'가 더욱 확대되고 있다는 우려의 목소리가 커졌다. 상장을 앞둔 기업들은 '제2의 앤트'가 되지 않기 위해 몸을 사리기 시작했다. 파이낸셜타임즈(FT)에 따르면 앤트 사태 이후 커촹판 상장을 포기한 기업이 2021년 3월에만 76곳에 달한 것으로 알려졌다.

중국에서 재물신(財物神)으로 불려온 중국 최대 전자상거래업체 '알리바바'의 창업자 마윈은 한순간에 힘을 잃었다. 중국 정부는 2021년 초 앤트그룹의 모회사 알리바바그룹에 역대 최대 규모의 반독점 벌금인 182억 2,800만 위안(약 3조 2천억 원)의 철퇴를 때렸다.

마윈과 가깝다는 이유로 세상에서 존재가 사라진 이도 있었다. 드라마 '황제의 딸'로 유명한 중국 여배우 자오웨이(趙薇)와 연관된 정보가 중국의 주요 동영상 플랫폼에서 줄줄이 삭제되었다. 소셜 미디어 계정도 마찬가지였다. 업계에선 자오웨이가 앤트그룹의 비상장 주식을 보유한 게 화근이 되었다고 봤다.

'중국판 우버'로 불리는 중국 최대 차량공유업체 디디추싱 사례도 시장에 충격을 줬다. '국가안보'를 내세워 플랫폼 기업을 규제하고 나선 첫 사례였기 때문이다. 중국 인터넷안전심사판공실(CAC)은 디디추싱에 대한 사이버 보안 심사를 개시하고 디디추싱 앱을 다운로드 받지 못하도록 막았다. 국가보안법과 사이버보안법 등을 위반했다는 이유에서다. 중국 정부가 플랫폼 기업을 통제하고 나서자 알리바바, 텐센트, 징둥닷컴, 메이퇀 등의 주가는 일제히 폭락했다.

앤트그룹이 출자한 차량공유 서비스 헬로추싱(哈囉出行)도 뉴욕 증시 상장 계획을 취소했다. 중국 정부는 해외상장을 계획하는 중국기업에는 사이버 보안 승인을 의무화하는 조치까지 발령했다. 당국은 국가보안을 이유로 플랫폼 기업들을 조사하는 법적 근거를 마련해 왔다.

2021년 4월 징둥닷컴의 핀테크 자회사인 징둥 테크놀로지(京东数字科技控股)의 IPO를 중단시킨 것도 같은 이유다. 소비자 권익을 앞세웠지만 빅테크 기업의 독점을 더 이상 지켜보지 않겠다는 중국 정부의 강한 의지가 담겨 있다. 정부가 키운 공룡들에게서 이제 주도권을 가져오겠다는 뜻으로 읽힌다.

공동부유라는 정책 기조를 앞세운 시 주석이 이끄는 중국 정부의 규제는 언제든 재현될 가능성이 높다. 중국 기업들 입장에선 미국 바이든 정부의 압박까지 진퇴양난의 위기에 놓인 셈이 되었다. 규제산업에 있어 정부의 역할이 얼마나 중요한지 우리에게 주는 시사점도 적지 않다. 전 세계에서 급성장해온 플랫폼 기업에 대한 각국의 규제가 곳곳에서 발발하고 있는 만큼 대비가 필요한 시점이다.

규제 철퇴를 맞은 카카오

카카오에게 닥친 악재가 장기적으론 회사에게 약이 될 수 있다는 분석도 나온다.
늘 시장의 기대치를 뛰어넘어 진화를 거듭해온 카카오의 변신의 폭에 따라
카카오의 미래 가치가 재평가될 가능성이 높다.

"동생에게 돈 빌려주고, (케이큐브홀딩스가) 총수 일가의 놀이터인가? 우리나라를 대표하는 플랫폼 지주회사가 이렇게 해도 되는가"(윤창현 국민의힘 의원)

"이해진 네이버 글로벌투자책임자(GIO)는 네이버에 지분이 있으나 계열사에 가족의 지분은 없다. 같은 플랫폼 기업으로서 카카오는 지분이 있는데 개선할 생각이 있는가"(김병욱 더불어민주당 의원)

여야 가릴 것 없이 비난이 쏟아졌다. '카카오 국감'으로 불린 2021년 국회 정무위원회 국정감사장에 증인으로 출석한 김범수 카카오 이사회 의장은 진땀을 뺐다. 날선 정무위원들의 집중 난타에 김범수 의장은 연신 고개를 숙였다.

과거에도 기업인을 국회로 불러 망신주는 사례가 빈번했다. 국감철

만 되면 무더기 증인신청으로 인해 재계에선 "기업인이 봉이냐"는 푸념이 터져 나왔다. 한 대기업 대관 임원은 "기어이 불러놓고 말 한마디 안 시키는 경우도 있다"며 "어떻게든 불러내려는 국회의원들과 무슨 수를 써서라도 출석을 막아내려는 기업들 간의 반복되는 연례행사"라고 털어놨던 적이 있다.

하지만 김범수 의장 출석을 두고선 분위기가 사뭇 달랐다. 이른 바 '동학개미운동'으로 불리는 주식 열풍에 삼성전자에 뒤를 잇는 국민주(株)로 떠오른 카카오였지만 '주식 카카오'가 아닌 '기업 카카오'에 대한 대중들의 시선은 생각보다 차가웠다. '국민 메신저' 카카오와 라이언 등 친숙한 캐릭터로 국민 기업 반열에 오른 듯했던 카카오를 비난하는 여론도 만만치 않았다. 오히려 온라인 상에선 "내 돈(주식 투자금) 다 잃어도 되니 카카오 망해라"라는 2030세대의 불만도 터져나왔다.

전방위 플랫폼 규제에 개미들은 패닉

금융위원회가 카카오페이 등이 운영하는 금융상품 비교·추천 서비스를 '미등록 중개 행위'라며 제동을 걸고 나선 것이 시발점이 되었다. 주식시장은 전 영역으로 사업을 확장해온 카카오, 네이버 등 빅테크에 대한 정부 규제가 본격화할 것이라고 봤다. 두 기업의 시가총액이 이틀 새 20조 원가량 증발해버린 이유다. 앞서 중국 정부가 텐센트 등 자국 플랫폼 기업에 철퇴를 가하며 기업 가치가 쪼그라드는 것을 경험한 투자자들은 크게 동요했다. '플랫폼산업이 제대로 꽃 피우기도 전에 정부가 철퇴를 가하고 있다'는 반대 여론도 있었다. 일각에선 거대 플랫폼 기업으로 성장하는 과정에서 주도권을 쥔 카카오가 어느새 소비자들 위에 올라선 '권력 집단'이 되었다는 비난이 쏟아졌다. 이미 카카오가 플랫폼을 장악한 터라 이를 사용하지 않을 순 없지만 소비자들 가운데 일부는 이용 과정에서 상당한 불만이 쌓여간 듯했다.

2021년 9월 8일 정치권과 금융당국이 이른바 국내 빅테크(대형 IT기업)의 사업 확장에 제동을 걸고 나설 때도 마찬가지였다. 문어발식 사업 확장에 '골목상권 침해 논란'이 가열되고 있던 터라 "왜 엄한 기업을 때려잡냐"는 비판과 "카카오가 선을 넘었다"는 의견이 맞섰다.

김범수 의장은 이 같은 여론을 의식한 듯 국감장에서 연신 사과를 했다. 독과점, 높은 수수료 논란에 휩싸인 카카오택시와 관련해선 "논란을 일으켜서 송구하다"며 "플랫폼의 이용자가 활성화되려면 그 수수료율을 계속 내려야 한다고 생각한다"라며 물러섰다. 골목상권 침해에 대한 질의에는 "앞으로 카카오는 골목상권을 침해하는 사업을 절대로 하지 않고, 오히려 골목상권에 도움이 되는 방법을 찾을 것"이라고 강조했다.

김 의장은 그러면서 "저 스스로도 그렇고 카카오 공동체 내부의 수많은 최고경영자(CEO)도 플랫폼의 성공에 있어서 중요한 부분을 간과하고 있었다"며 "내부적으로 이야기를 많이 했고, 추가 상생방안과 신속하게 실천할 수 있는 계획을 발표할 것"이라고 덧붙였다.

상생은 시대적 숙명

갑작스러운 전방위 압박에 카카오는 곧장 상생안도 내놨다. 골목 상권 침해 논란을 빚은 사업은 철수하고 파트너 지원 확대를 위한 기금 3천억 원을 향후 5년간 조성하겠다는 내용이 골자다. 꽃·간식 배달 등 서비스를 종료하기로 했다. 특히 논란의 중심에 섰던 카카오모빌리티 독과점 문제에 대해선 추진하고 있던 전화콜 대리운전업체 2곳의 인수를 철회하겠다는 뜻도 밝혔다. 앞서 카카오모빌리티는 전화콜 1위 서비스 '1577 대리운전'의 운영사 '코리아드라이브'의 지분을 인수하고 서비스 운영을 넘겨받은 데 이어 추가로 2곳을 인수하려 했다. 기존 대리운전업체들의 반발은 거셌다. 플랫폼 공룡으로 성장

| 카카오 상생전략 |

구분	내용
카카오 공동체	골목상권 논란 사업 철수 및 혁신 사업 중심으로 재편
	5년간 3천억 원 규모 기금 조성해 플랫폼에 참여하는 공급자, 종사자 복지 증진
케이큐브홀딩스	김범수 의장 100% 지분 소유 투자회사에서 미래 교육, 인재 양성 같은 사회적 가치 창출 기업으로 전환
카카오모빌리티	기업 고객 대상 꽃·간식·샐러드 배달 중개 서비스 철수
	택시 기사 대상 프로멤버십 요금 월 3만 9천 원으로 인하
	대리운전 기사의 수수료를 20% 고정에서 수요·공급에 따라 0~20%로 조정
	대리운전사업자와 상생안도 마련 예정
	택시 배차 확률을 높이는 대신 콜비를 받는 '스마트호출' 전면 폐지

골목 상권 침해 논란 등에 휩싸인 카카오는 정부와 여당의 압박에 곧장 상생 전략을 들고 나왔다.

출처: 메리츠증권 리서치센터

한 카카오가 앱 호출은 물론 전화호출 시장까지 넘보고 있다는 우려 때문이다. 실제 여전히 대리운전 시장에서 전화 호출이 차지하는 비중은 80% 수준에 달한다. 카카오모빌리티의 무서운 성장세를 감안하면 전화호출 시장도 카카오에게 잠식당할 수 있다고 반발에 나선 것이다.

앞서 대리운전업체로 구성된 한국대리운전총연합회는 동반성장위원회에 대리운전을 '중소기업적합업종'으로 지정해 대기업 진출을 막아달라고 요청하기도 했다. 카카오 측은 이밖에도 기사들이 지불해야 하는 프로멤버십 비용을 기존 9만 9천 원에서 3만 9천 원으로 인하, 스마트콜(1천 원 추가) 서비스 중단, 대리운전 중개수수료를 기존 고정 20%에서 0~20%의 변동 요금제로 변경하겠다는 입장을 전했다.

골목상권 침해 논란에 휩싸인 '카카오헤어샵'도 철수를 검토한다는 얘기가 흘러나왔다. 카카오헤어샵은 '전국 모든 헤어샵에서 할인을 받을 수 있다'는 전략을 앞세워 영역을 넓혀 갔다. 카카오헤어샵은 카카오의 투자 전문 자회사인 카카오인베스트먼트가 약 24%의 지분율을 보유하고 있다.

실제 카카오헤어샵의 운영은 와이어트가 맡고 있다. 카카오인베스트먼트는 지난 2015년 10월 미용실 고객관계관리(CRM) 프로그램 '헤어짱'을 운영하던 와이어트(구 하시스)의 지분 51%를 인수하면서 2016년 7월 카카오헤어샵을 출시했다. 이후 뷰티 예약 시장 점유율 70% 이상을 차지하며 사세를 키워갔다. 논란이 된 것은 최초 예약시 미용실 업주들에게 25%에 달하는 수수료를 받는다는 것이 밝혀지면서다.

이 같은 사실이 전해지면서 '갑질' '골목상권 침해' 논란이 제기되었다.

카카오의 상생 약속에도 비판의 목소리는 여전했다. 소상공인연합회는 최근 카카오가 발표한 상생안이 면피용 대책에 불과하다며 카카오는 골목상권 업종에 대한 무분별한 침탈 중지를 선언해야 할 것이라고 강조했다. 국회 산업통상자원중소벤처기업위원회 소속 송갑석 민주당 의원은 "무분별한 사업 확장으로 피해를 겪는 중소상공인과 어떤 협의도 없이 일방적으로 발표한 졸속 상생안"이라고 김범수 의장을 비판하기도 했다.

업계에선 국정감사를 기점으로 '플랫폼 때리기'가 최악을 지났지만 대선까지 비슷한 기류가 이어질 것으로 봤다. 정치권에서 표심을 잡기 위해 입맛에 따라 전 국민이 사용하는 플랫폼 기업들을 활용할 수 있다는 시각 때문이다. 여론의 향배에 따라 기업을 타깃으로 삼아왔던 정치 행태에 대한 학습 효과가 영향을 미쳤다. 한 카카오 관계자는 "국민 기업이 되는 길은 쉽지 않다"는 말을 하기도 했다.

플랫폼 규제, 오래갈까?

그렇다고 규제에 나선 정부와 정치권을 탓할 수만은 없다는 시선도 무시할 수 없다. '카카오대리 이용자가 늘면서 대리비가 천정부지로 치솟았다' '미용실 예약까지 카카오가 수수료를 챙겨야 하나'는 비판이 나오는 이유를 카카오 스스로 돌아봐야 할 시점이 되었을지도

| 거세지는 플랫폼규제 |

일자	기관	내용
2021년 9월 이전	공정거래위원회	'온라인 플랫폼 공정화법' 제정 추진: 플랫폼 불공정행위 과징금 최대 10억 원
	공정거래위원회	'전자상거래법' 개정 추진: 소비자는 입점 업체 + 플랫폼 상대 배상 청구 가능
	국회	온라인 플랫폼 7개 법안 발의: 플랫폼 이용자의 단체구성권 부여, 검색 알고리즘 공개
2021-09-07	금융위원회	핀테크업체가 소비자에게 금융상품을 소개하는 영업행위 대부분을 '광고'가 아니라 '중개'로 봐야 한다는 유권해석
2021-09-07	더민주 송갑석·이동주	공룡 카카오의 문어발 확장: 플랫폼 대기업의 불공정거래 근절 대책 토론회
2021-09-12	더민주 변재일 의원실	전기통신사업법 일부개정법률안 대표발의 일정 규모 이상 전기통신사업자는 이용자가 생성한 데이터 쉽게 독점 금지
2021-09-13	공정거래위원회	케이큐브홀딩스의 대기업집단 지정 자료 거짓 제출 및 고의 누락 정황 조사
2021-10-01 ~ 2021-10-21	2021년 국정감사	정무위: 네이버·카카오 독과점. 골목상권 침해 환노위: 네이버 직장 내 괴롭힘. 카카오 근로감독 과방위: 네이버·카카오 독과점 국토위: 카카오모빌리티 독과점, 수수료 인상

플랫폼 기업의 영향력이 커지면서 이를 견제하기 위한 규제가 점차 강화되고 있다. 이는 국내뿐 아니라 전 세계적인 움직임이기도 하다.

출처: 한화투자증권 리서치센터

모른다. 김범수 의장이 "중요한 부분을 간과하고 있었다"고 고백한 것도 그냥 나온 말은 아닐 것이다. 지나치게 자신감에 차있던 기업들은 항상 결말이 좋지 않았다. 기업이 몰락하는 것은 새로운 사업 환경에 대한 변화를 읽어내지 못해서만이 아니다. 삼성이 글로벌 1위 자리에서도 늘 위기 의식에 사로잡혀 있었던 것만 봐도 그렇다.

카카오가 겪고 있는 시련은 무분별하게 커진 사업 부문을 제대로 컨트롤 하지 못한 데다, 증시에 잇따라 상장해 '대박'을 내는 데 혈안

이되어 있던 각 계열사들은 이성보다 욕망이 앞선 영향이 크다. 당연히 성장과 기업 가치 상승에 방점을 두는 동안 상생은 뒷전이 될 수밖에 없었을지 모른다.

시장에선 카카오에게 닥친 단기 악재가 장기적으론 회사에겐 약이 될 수 있다는 분석도 나온다. 노경탁 유진투자증권 연구원은 보고서를 통해 "당장의 악재보다는 중장기적으로 상생을 위한 방안들이 더 많은 이용자를 유치할 수 있는 계기가 될 수 있다는 점에 주목할 필요가 있다"고 언급했다. 국내 사업에 치중했던 카카오가 규제망을 좁혀오는 국내를 벗어나 해외로 사업을 확장하는 계기가 될 것이란 설명이다.

그러면서 "픽코마, 래디쉬, 타파스를 중심으로 글로벌 진출이 진행되고 있으며, 그라운드X의 클레이튼 블록체인 생태계를 전 세계로 확장하면서 새로운 성장동력으로 자리잡을 것으로 예상된다"는 해석도 덧붙였다. 늘 시장의 기대치를 뛰어넘어 진화를 거듭해온 카카오의 변신의 폭에 따라 카카오의 미래 가치가 재평가될 가능성이 높다.

물 건너간
쿠팡의 미래

쿠팡의 미래는 해외로 영토를 성공적으로 확장하느냐가
향후 분수령이 될 가능성이 높다. 현재 쿠팡은 미국에서 직구를 진행중인데,
이를 중국까지 넓히겠다는 계획이다.

'소셜 커머스 원조의 몰락' 글로벌 소셜커머스 시장을 개척한 미국 기업 그루폰 앞에 붙는 수식어다. 2008년 시카고에서 시작한 그루폰은 설립 2년여 만에 전 세계 44개 국 500여 도시에 진출하며 핫한 기업으로 떠올랐다. 그루폰은 '공동구매'를 통해 음식점, 공연, 스파 등의 이용권을 50% 가까이 할인 판매하면서 선풍적인 인기를 끌었다.

2010년 12월 구글이 60억 달러(약 7조 원)에 인수를 제안했지만 단칼에 거절할 정도로 콧대가 높았다. 2011년 홀로 기업공개(IPO)에 나선 그루폰의 몸값은 160억 달러에 달했다.

국내 소셜커머스 시장에 뛰어든 쿠팡, 티몬, 위메프도 그루폰의 영향을 받았다. 그루폰은 한때 티몬 지분 100%를 인수하며 국내 시장에도 깊숙히 침투했다. 사업 방식도 그루폰과 유사했다. 쿠팡은 홈플

러스 상품권을 반값에 수십만 장을 판매하며 인기를 끌었다. 티몬 역시 크리스피도넛을 50% 가격에 선보이며 소셜커머스 붐을 일으켰다. 위메프도 에버랜드 자유이용권 10만 장을 60% 할인 판매하며 맞불을 놨다. 성장세는 매서웠다. 소셜커머스 기업들은 매년 50%씩 성장했다. 모바일 쇼핑 시장이 커지고 있는 것도 호재였다.

하지만 한정된 상품으로 회사를 키우기엔 역부족이었다. 마케팅 출혈경쟁과 커져만 가는 물류비용 탓에 회사 덩치는 커졌지만 영업적자에 허덕여야 했다. 실제 오픈마켓(G마켓, 11번가 등과 같은 중개 플랫폼)과 달리 소셜커머스 기업들은 일정량의 재고를 떠안아야 하는 문제에 직면해 있는 상태였다. 매출을 끌어올리기 위해선 단기간에 반짝 세일 형태로 판매하던 할인상품의 판매기간도 점차 길어졌다. 공동 구매 방식의 초기 소셜커머스의 특색이 점차 사라지게 된 셈이다.

생존을 위해 시작된 진검승부

생존을 위해 각 사마다 차별화 전략을 꾀하기 시작했다. 그루폰의 방식을 국내에 들여와 커져가는 시장에 올라탄 덕을 봤다면 진짜 진검승부가 이때부터 시작된 셈이다. 이때 쿠팡이 택한 전략은 '로켓배송'이었다. 이미 상품기획-매입-배송-A/S 등 쇼핑의 전 단계를 자체 시스템으로 책임지며 기존 유통업체와 차별화를 시도했던 쿠팡은 2시간 내 배송이란 승부수를 띄웠다. 자체 직원인 '쿠팡맨'을 통해서

'친절함'과 '재미'까지 더해 소비자의 감성을 충족시켜주고 있다는 평가도 나왔다.

손정의 소프트뱅크 회장이 쿠팡에 10억 달러(약 1조 원)를 투자하면서 쿠팡은 날개를 달았다. 쿠팡은 투자를 받기 전년도인 2014년에 연간 1,215억 원의 적자를 낸 상태였다. 현재보다 쿠팡이 만들 미래 세상에 투자한 셈이다. 당시 쿠팡은 5조 5천억 원의 기업가치를 평가받았다. 쿠팡보다 한참 규모가 큰 '유통 공룡' 이마트(6조 5천억 원), 롯데쇼핑(7조 5천억 원)의 기업가치를 빠르게 추격했다.

쿠팡은 그루폰의 사업모델을 가져왔지만 그루폰보단 아마존을 롤모델로 삼았다. 하지만 로켓배송은 당시 아마존도 하지 않았던 새로운 영역이었다. 총 결제금액이 9,800원을 넘으면 무료배송을 해준다는 당시로선 파격적인 조건을 내세웠다. 소액의 생활용품도 부담없이 주문 가능한 구조를 만든 덕에 고객들은 오프라인에서 해왔던 '장보기'를 쿠팡을 통해 하기 시작했다. 전국 각지에 확보한 대형 물류센터는 쿠팡만의 핵심 무기가 되었다. 소프트뱅크의 투자를 등에 업고 추격자가 흉내낼 수 없는 인프라를 구축한 셈이다. 쿠팡이 이미 깔아놓은 물류망을 따라잡기 위해선, 신생업체들은 엄두도 내지 못할 막대한 자금이 필요했다. 소셜커머스 업체 간 경쟁을 '배송전쟁'이란 새로운 영역으로 완전히 판을 바꿔 놓았다는 평가가 나온 이유다.

쿠팡은 소셜커머스 업계 판만 흔들어 놓지 않았다. 택배회사는 물론 기존 거대 유통업체까지 모두 위협했다. 쿠팡이 실제 승부수를 걸었던 품목은 정기적인 구매가 필요한 기저귀, 분유와 같은 상품들이었다. 지속적이고 반복적인 방문을 이끌어내기 위해서다. 아이 엄마들이 오프라인으로 구매하기에 무게가 무겁거나 부피가 크다는 점도 영향을 미쳤다. 오프라인 구매 습관을 온라인으로 변화시킬 수 있는 적절한 아이템이었던 셈이다. 실제 쿠팡을 통한 기저귀 구매가 급증하면서 이마트 기저귀 매출은 2013년 549억 원에서 2015년 381억 원까지 줄어들었다. 위기감을 느낀 대형 유통업체들은 기저귀와 분유를 대폭 할인해 판매하는 이른 바 기저귀전쟁·분유전쟁에 뛰어들었다. 대형마트들이 쿠팡과 같은 소셜커머스의 위협에 처음으로 맞대응하기 시작한 사례였다. 이마트의 경우 쿠팡의 로켓배송에 맞서기 위해 물류센터 규모를 키우고, 물류센터 명칭을 Next Generation Online Store(차세대 온라인 점포)로 바꾸기도 했다.

적자의 늪에 빠진 쿠팡

존재감을 키워가던 쿠팡을 모두가 긍정적으로 바라본 것은 아니다. 매출 1조 1,388억 원을 기록했던 2015년에도 쿠팡은 5,470억 원의 영업손실을 냈다. 이 때문에 증권사 애널리스트들은 "쿠팡이 작년 대규모 적자를 기록한 가운데, 새로운 수익 모델을 선보이지 않는다면 지속 가능한 기간은 길어야 1~2년이라고 판단한다" "꿈과 현실의 간극을 보여주는 사례" 등의 내용이 담긴 보고서를 쏟아냈다. 제로(0) 마진 전략으로 고객 확보에만 공을 들이는 적자기업의 미래를 마냥 좋게 볼 수만은 없었기 때문이다. 쿠팡이 앞으로 계속 살아남아 성장할 수 있을 수 있다는 의견을 낸 애널리스트도 두둑한 투자가 계속해서 이어져야 한다는 조건을 달았다. 결국 쿠팡이 로켓배송 서비스를 시작한 지 2년 7개월 만에 무료 배송 최소 금액을 기존 9,800원에서 1만 9,800원으로 상향하기로 결정한 것도 이런 어려움 탓이었다.

쿠팡의 위기에 손정의 회장은 또 한 차례 흑기사로 나섰다. 소프트뱅크는 쿠팡에 10억 달러를 투자한 지 3년 만에 20억 달러를 추가로 투자하겠다고 밝혔다. 단숨에 쿠팡의 기업 가치는 10조 원까지 치솟았다. 업계에선 쿠팡의 10조 기업가치가 적절한지에 대해 설전이 벌어졌다. 당시 쿠팡은 취급하는 상품만 1억 2천만 종에 달하는 거대 유통 플랫폼으로 커진 상태였다. 이 중 400만 종은 로켓배송을 통해 주문 다음 날 바로 받아볼 수 있었다. 누적 배송량은 10억 개를 넘어섰고 하루 평균 배송량은 100만 상자에 달했다. 소프트뱅크가 고사 위기에 놓인 쿠팡을 살려낸 것도 회사를 이 같이 키워낸 것에 대한 믿음 때문이었다.

탄탄한 실탄을 등에 업은 쿠팡은 황소처럼 거침없이 전진했다. 쿠팡을 수식하는 표현에 '질주'라는 단어가 자주 등장하기 시작했다. 국내 3대 백화점으로 불리던 현대백화점이 쿠팡에 입점하면서 쿠팡에 대한 위상도 조금씩 달라졌다. 소비자를 움직이는 1순위 요소였던 '저렴한 가격' 대신 '빠른 배송'를 중요한 쇼핑의 요소로 택하는 이들도 늘었다. 쿠팡이 바꾼 패러다임에 수년째 소비자들이 스며든 영향이 컸다. 그 결과 쿠팡은 2015년 이후 매년 58%씩 매출이 증가했다.

준비된 자가 기회를 잡았다

　예상치 못한 코로나19 사태는 본격적으로 쿠팡의 시대를 열었다. 로켓와우 회원 증가, 로켓배송, 로켓프레시 상품 확대 등에다 코로나 19 수혜까지 더해지면서 쿠팡은 커머스 시장을 장악하기 시작했다. 생필품은 물론 가전, 신선식품까지 쿠팡 의존도는 점차 높아졌다. NH 투자증권에 따르면 2020년 들어 쿠팡 고객들의 이용시간과 사용자 수, 실행횟수는 각각 전년 대비 68%, 35%, 119%씩 급성장한 것으로 나타났다. 특히 적자에 허덕이는 와중에도 전국에 뿌리 내렸던 하루

| 한걸음 더 다가온 쿠팡 |

쿠팡은 코로나19 사태를 계기로 국내 이용객이 급증했다. 의류, 생활용품 이외에도 신선식품을 배송해주는 로켓프레시로 이용객을 늘려가고 있다.

출처: 쿠팡

300만 건의 배송이 가능한 물류망이 빛을 발했다.

적자 폭이 줄어들고 있는 것도 시장의 기대감을 높이는 요인이 되었다. 쿠팡의 2020년 매출액은 7조 1,530억 원으로 전년대비 64% 성장했다. 이전 해와 마찬가지로 영업손실(-7,205억 원)을 면하진 못했지만 1년 새 그 폭은 약 4천억 원이나 줄어들었다. 전문가들은 구매 볼륨이 커진 덕에 협상력이 높아진 쿠팡이 상품구매단가를 낮춘 것이 적자 폭을 줄이는 데 큰 역할을 했다고 봤다. 거래가 증가하면서 제품 회전율이 높아지자 재고 부담이 줄어든 것도 한몫했다는 분석이다.

쿠팡은, 배달의 민족이 독주하던 배달앱 시장에 뛰어든 쿠팡이츠는 물론 2020년 3월엔 쿠팡 안에 온라인 패션 편집샵 'C.에비뉴'를 오픈하며 사업 영역을 확장했다. 넷플릭스, 웨이브 등이 시장을 키우고 있는 온라인동영상서비스(OTT) 플랫폼인 쿠팡플레이도 출시했다. 무서울 것 없이 사업을 확장하고 있는 쿠팡을 두고 시장에선 '쿠팡이 조만간 흑자 전환 가능성이 높다'며 의심보단 믿음을 가질 때라는 평가가 나왔다.

2021년 미국 증시에 상장한 쿠팡에 대한 기대감은 정점을 찍었다. '한국 이커머스 기업의 확장성'이 재조명되는 순간이었다. 실제 상장 직후 쿠팡의 시가총액은 100조 원을 훌쩍 넘어섰다. 삼성전자에 이어 국내 기업 가운데 두 번째로 많은 몸값을 지닌 기업이 되었다. 국내에서 사업을 영위하는 기업이 미국 증시에서 직접 대규모로 자금을 조달한 것은 국내 기업 최초 나스닥 직상장에 성공한 초고속 인터넷 서비스 업체인 두루넷(Korea Thrunet) 이후로 처음이었다.

뉴욕으로 간 쿠팡의 미래는?

　줄곧 신화를 써내려온 쿠팡이지만 최근 시장의 의구심이 커지고 있다. 냉정한 시장의 가치를 평가받는 주가는 반년 넘게 내림세다. 상장 후 얼마 지나지 않아 주당 50달러까지 치솟았던 것과 사뭇 분위기가 달라졌다. 상장 5개월 만에 공모가(35달러) 밑으로 주저앉은 주가는 20달러선까지 주저앉았다.

　김명주 한국투자증권 연구원은 "상장 당시 높은 밸류에이션과 쿠팡의 더딘 플랫폼 비즈니스 확장이 걸림돌"이라는 분석을 내놨다. 마

｜ 쿠팡의 진화는 어디까지? ｜

연도	사업	내용
2014	로켓배송	전국 로켓배송 생활권으로 구축
2018	로켓프레시	전국 단위 신선식품 새벽배송
	로켓와우	무료배송·반품·로켓배송 제공 유료회원제
2019	쿠팡이츠	음식 배달 서비스
2020	C.에비뉴	직매입 패션 편집숍 (LF, 삼성물산 브랜드 外 명품 등 입점)
	쿠팡페이	간편결제 서비스 쿠페이 분사 후 핀테크 자회사 설립
	로켓제휴	입점 판매자 대상 풀필먼트 서비스
	쿠팡플레이	OTT 서비스 (쿠팡와우 멤버쉽 가입자 무료)
	로켓설치	가구·가전 D+1 배송 및 설치

단순 배송업을 넘어선 쿠팡은 핀테크 자회사 쿠팡페이를 비롯해, OTT서비스인 쿠팡플레이 등으로 사업을 넓혀가고 있다. 과감한 투자를 이어온 탓에 흑자전환은 여전히 숙제로 남아 있다.

출처: 한화투자증권 리서치센터

침 그간 지분을 팔지 않겠다던 소프트뱅크가 보유 지분의 10분의 1에 달하는 5,700만 주를 주당 29.685달러, 총 16억 9천만 달러(약 1조 9,886억 원)에 매각하며 여러 추측을 낳기도 했다.

쿠팡의 미래는 성공적으로 해외로 영토를 확장하느냐가 향후 분수령이 될 가능성이 높다. 현재 쿠팡은 미국에서 직구를 진행하고 있다. 이를 중국까지 넓히겠다는 계획이다. 생필품 중심의 빠른 배송서비스는 대만과 일본에서 테스트 중이다. 흑자 전환 시점도 눈여겨볼 필요가 있다. (아마존은 창업 13년 만에 흑자를 기록했다. 쿠팡은 2021년 기준 11년차다.)

우물 안 소셜커머스 업체에서 미국 증시에 상장한 대한민국 대표 커머스로 성장한 쿠팡의 미래는 어떤 모습일까? 쿠팡이 여전히 시험대에 서있는 것만은 분명한 사실이다. 시장 지배력은 과거와 비교할 수 없이 커졌지만 생존을 위한 투자는 지금도 진행형이다.

다시 처음으로 돌아가보자. 그루폰이 '소셜 커머스 원조의 몰락'이란 수식어를 얻게 된 것은 동시다발로 전 세계로 뻗어나가는 과정에서 현지화에 실패한 데다 새로운 상품 판매 전략을 마련하지 못하면서 한계에 부딪혔기 때문이다. 그루폰의 한계를 뛰어넘어 제2의 아마존을 꿈꾸며 성장해온 쿠팡이지만 지금이야말로 그루폰이 주는 교훈을 다시 되새겨봐야 할 시점일지도 모른다.

누구도 피할 수 없는 ESG 물결

시장은 ESG 잣대를 벗어난 기업들에게 차갑게 돌아선다는 것을 체험중이다.
앞으론 ESG 파도를 올라타느냐 그렇지 못하느냐에 따라
기업의 성패가 갈릴 가능성이 높아진 셈이다.

'카카오의 약속과 책임', 카카오는 2021년 5월 첫 ESG보고서를 발간했다. ESG는 환경(Enviroment)·사회(Social)·지배구조(Governance)의 약자다. 기업을 평가하는 새로운 기준으로 자리 잡고 있는 ESG는 거스를 수 없는 물결이 되었다. 단순히 돈을 벌고 회사를 성장시키는 것을 넘어 이에 걸맞은 기업의 사회적 책임을 요구하고 있다.

산업계에선 ESG에 대해 '범위가 없는 시험문제 같다'고 말한다. 전지구적인 환경문제부터 노사관계, 주주친화정책 등 ESG라는 용어 안에 담긴 범위가 그만큼 광활하다는 의미다. 그렇다고 무시할 순 없다. 200여 개 글로벌 ESG 평가사는 매년 혹은 분기마다 각 회사의 ESG 성적을 발표한다. 그 평가는 기업들이 투자를 받는 지표이자 대외적인 이미지가 된다.

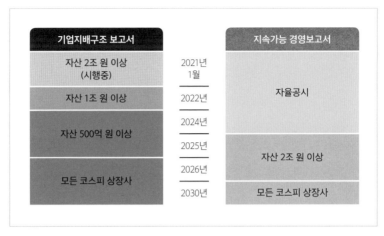

ESG라는 거대한 흐름은 거스를 수 없는 새로운 트렌드이자 기준이 되고 있다. 국내 기업들 역시 ESG보고서를 의무적으로 공시해야 한다.

출처: 메리츠증권 리서치센터

　　재무재표에 드러나지 않는 ESG가 전 세계의 이목을 집중시키게 된 것은 세계 최대 운용사 블랙록의 래리 핑크 최고경영자(CEO)의 연례 서한에서 시작되었다.

　　래리 핑크는 2020년초 기업 CEO들에게 보낸 서한에서 앞으로 기후변화와 지속가능성을 투자의 최우선 순위로 삼겠다고 했다. 이듬해에는 "기업의 사업 구조가 탄소중립(넷제로)과 양립할 수 있는 계획을 공개하라"고 했다. 기업들의 게임의 룰을 금융 권력이 정한 셈이다.

ESG에 뭉칫돈이 몰린다

실제 ESG 관련 기업에 투자하는 상장지수펀드(ETF)의 규모는 오는 2030년 700조 원에 이를 것으로 추정된다. 2020년 전 세계 신규 출시 ETF 중에서 15%가 ESG 테마였다. 이미 코로나19 이후 ESG 자산으로 유입된 자금은 20조 달러에 달한다는 통계도 있다. 기업들이 ESG의 물결을 거스를 경우 거대한 돈의 이동에서 소외될 수밖에 없다. 전세계 각국 정부가 탄소중립을 위해 동시에 ESG 규제를 강화하고 있는 것도 영향을 미치고 있다. 자본시장에서 소외되는 것은 물론 규제

| ESG에 쏠린 뜨거운 관심 |

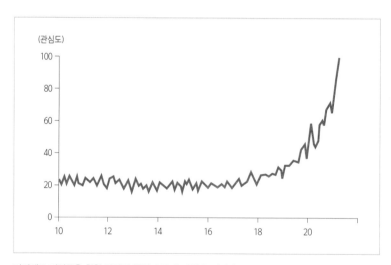

과거에도 기업들을 향한 사회적 책임 요구가 거셌다. 하지만 ESG라고 명명된 이후 최근 들어 낯설었던 ESG에 대한 관심이 전 세계적으로 뜨거워지고 있다.

출처: 구글. 신한금융투자

철퇴에 사업을 이어가기 어려운 지경에 놓일 수도 있다. 영국을 시작으로 유럽 국가들은 연기금을 중심으로 이미 2000년부터 ESG정보 공시를 의무화하고 있다.

우리나라 기업들도 유가증권시장에 상장된 자산총액 2조 원 이상인 경우 2025년부터, 나머지 기업들은 2030년부터 ESG 공시가 의무화된다. 기업들이 범위가 없는 시험문제를 풀기 위해 울며 겨자먹기로 ESG 공부에 열을 올리고 있는 이유다.

ESG는 기업들의 사업 영역까지 탈바꿈시키고 있다. 이미 담배를 생산하거나 석탄 발전과 연관된 기업들의 경우 연기금의 투자 리스트에서 배제되고 있는 상황이다. 살아남기 위해 '본업'까지 바꾼 기업들이 속출하고 있는 것도 이 때문이다. 특히 핵심 고객군으로 부상

| ESG에 돈이 몰린다 |

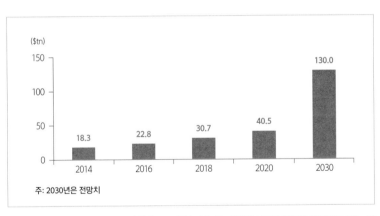

주: 2030년은 전망치

ESG는 새로운 투자 지표로 급부상했다. ESG 점수가 높은 기업이나 관련 활동을 강화하고 있는 기업들에게 뭉칫돈이 몰려들고 있는 모습이다.

출처: 키움증권 리서치센터

하고 있는 밀레니얼 세대가 ESG에 대해 뜨거운 관심을 보이고 있다. BoA(뱅크 오브 아메리카)가 고액자산가(투자자산 300만 달러 이상)를 대상으로 실시한 설문 조사에 따르면 ESG 투자를 적극 검토한 투자자 비중은 밀레니얼 세대가 2018년 기준 78%로 여타 세대에 비해 압도적으로 높은 수치를 기록했다.

최태원도 머스크도 꽂혔다

SK그룹은 ESG흐름과 맞지 않는 사업을 과감히 정리한 대표적인 사례로 꼽힌다. 최태원 회장은 2020년 10월 "나무를 베어 비싸게 파는 벌목회사는 더 이상 존속할 수 없다"며 "기업은 사회가 필요로 하는 가치를 창출해내야 지속 가능하다"고 밝히기도 했다. 현대차, GM 등 국내외 완성차 업체들도 앞다퉈 내연기관차의 종말을 예고했다. 미국 최대 자동차 기업 GM의 경우 오는 2035년부터 전기자동차만 생산키로 했다. 현대차 역시 2030년부터 내연기관차 생산을 중단하겠다고 선언했다.

산업계의 밸류체인도 뒤흔들고 있다. 테슬라의 CEO 일론 머스크가 "친환경적인 방식으로 니켈을 대량 채굴하는 회사가 있으면 장기계약을 체결하겠다"고 밝힌 뒤 LG에너지솔루션, SK이노베이션, 일본 파나소닉 등 전 세계 배터리 업체들이 공급망을 새롭게 짜기 위해 팔을 걷어 부친 사례가 대표적이다. 전 세계 300여 개 기업들은

RE100에 재생에너지 사용비율을 100%까지 끌어올리는 것을 목표로 하는 국제 캠페인에 가입되어 있다. 원자재 공급부터 완제품 생산까지 전과정에서 '착한 공정'을 진행할 수밖에 없다. 실제 애플 역시 전력의 100%를 재생에너지로 대체하는 'RE100' 실천을 협력사에 요구하고 있다. 국내기업들 역시 ESG 공급망에 대해 관심이 높아지고 있다. 대한상공회의소가 국내 대·중소기업 193개 사를 대상으로 '공급망 ESG'에 대한 인식 및 협력현황을 조사한 결과, 10곳 중 8곳(78.8%)은 개별기업 차원을 넘어 납품·협력업체까지 아우르는 '공급망 ESG' 협력을 중요하게 생각하는 것으로 나타났다.

플랫폼 기업들도 이 같은 흐름에서 자유로울 수 없다. 2021년 1월 구글의 모기업인 알파벳에 노조가 결성된 것도 ESG와 연관되어 있다. 이들은 직장 내 평등과 윤리적인 경영, 공익 개선 등을 강조했다. 노조 결성 이전에도 구글 직원들은 'Don't be Evil' 시위 등을 통해 사내 성폭력 방임, 소수자 차별 등의 ESG 문제와 계속 싸워왔다. 전문가들은 "직원이자 곧 고객이 된 밀레니얼 세대가 환경과 인권 등의 가치를 추구하면서 앞으로 기업 경영과 투자 판단에 큰 영향을 미칠 것"이라고 보고 있다.

네이버, 카카오와 같은 플랫폼 기업도 ESG 물결에서 자유롭지 못하다. 골목상권 침해 논란으로 정치권의 질타를 받은 것도 ESG 관점에서 눈높이를 맞추지 못한 데 따른 것으로 풀이된다. 소상공인을 대상으로 한 플랫폼 수수료 우대 정책이나 영세 크리에이터를 위한 창작자 지원 프로그램 등도 모두 ESG 정책의 일환이다.

네이버 VS 카카오, ESG 점수는?

현재까진 네이버가 카카오에 비해 다소 후한 평가를 받고 있다. 한국경제신문과 연세대 IBS컨설팅이 국내 100대 기업 중 지속가능경영보고서를 발간하는 46개 기업의 ESG 경영 등급을 평가한 결과 네이버는 G(지배구조) 영역에서 가장 높은 점수를 얻었다. 지배구조가 투명하고 타 기업 대비 사외이사 비중이 높다는 점이 평가에 반영되었다.

유안타증권은 2021년 4월 '섹터별 ESG 대표기업'을 추리면서 인터넷 분야에선 네이버를 선정했다. 커머스 매출 비중이 적지 않은 상황에서 '중소상인 성장=NAVER 성장'을 의미하는 만큼 적극적인 '상생' 정책을 펼 수밖에 없는 구조라고 봤다.

유안타증권은 "네이버는 중소상공인들에게 결제시스템, 데이터, 기술, 교육, 컨설팅, 자금지원 등 다양한 방식으로 지원하며 대기업과 소상공인의 '동반성장 모델'을 만들어 가고 있다"고 설명했다. KTB투자증권 역시 네이버의 ESG점수를 55.0점으로 평가했다(2021년 9월 말기준). 카카오의 46.12점을 크게 웃도는 수치였다.

카카오도 ESG 등급을 끌어올리기 위해 역량을 집중하고 있다. 실제 ESG 중심 경영을 강화하기 위해 ESG 위원회를 새롭게 만들고, 환경, 사회, 지배구조 측면 목표와 성과를 담은 ESG 보고서 '2020 카카오의 약속과 책임'을 발간했다. 덕분에 ESG 등급은 한 단계 상승했다. 카카오는 한국기업지배구조원(KCGS)이 발표한 '2021년 ESG 평가'에서 지난해보다 한 단계 상승하며 A등급으로 올라섰다. 환경 부문에서 전년보다 세 계단 높은 A등급, 사회 부문은 A+ 등급을 받았다.

ESG에 대한 사회적 요구가 점차 거세지고 있다. 역대 최악의 회계 부정 사례로 꼽히는 미국 에너지 기업 엔론의 몰락이나, 배출가스 조작으로 고사위기에 놓였던 폭스바겐의 사례처럼 시장은 ESG 잣대를 벗어난 기업들에게 차갑게 돌아선다는 것을 이미 몸소 체험했다. 앞으론 ESG 파도를 올라타느냐 그렇지 못하느냐에 따라 기업의 성패가 갈릴 가능성이 높아진 셈이다.

"네이버, 이제 팔아야 할까요?" "카카오, 지금 사도 되나요?" 수많은 사람들의 궁금증이다. 그러나 정작 네이버와 카카오에 대해 제대로 아는 이들은 드물다. 앞서 플랫폼이 바꿔온 것들, 앞으로 바뀌나갈 것들을 살펴봤다. 6장에서는 이에 더해 전문가들의 시각을 담았다. 이제 선택은 각자의 몫이다.

6장

라스트 찬스는
남아 있다

결국은
한곳에서 만난다

본격적인 경쟁은 어쩌면 지금부터 시작일지 모른다.
네이버와 카카오의 미래가 궁금하다면
두 회사가 격돌하는 사업군에 주목할 필요가 있다.

삼성의 모태는 제일모직이다. 창업가 이병철 회장은 1954년 9월 자본금 1억 원을 들여 제일모직공업주식회사를 세웠다. 창립 당시 임직원은 49명, 연매출 9,100만 원에 불과했다. 당시만 해도 미래의 삼성이 지금과 같은 모습으로 발전할 것이라곤 아무도 생각지 못했다.

LG의 출발은 화장품이었다. 동동구리무라고 불리던 첫 국산화장품이 불티나게 팔려나가자 럭키(lucky)와 발음이 유사한 락희화학공업사를 차렸다.

경성직업학교 기계과를 졸업한 최종건 SK 창업주는 1944년 선경직물에 수습기사로 입사한 뒤 생산부장으로 초고속 승진했다. 선경직물 직원이던 그는 선경직물을 직접 인수했다. SK그룹의 시작이다.

세 회사는 각자 다른 성장과정을 통해 자랐다. 세대를 건너 대한민

| 경쟁이 치열해진 클라우드 시장 |

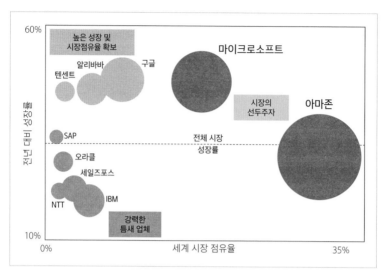

기업들은 성장가능성이 높은 새로운 먹거리로 몰려든다. 클라우드 시장이 각광받으면서 각기 다른 특색을 지닌 글로벌 기업들이 치열한 경쟁을 벌이고 있다.

출처: 시너지리서치그룹, KB경영연구소

국 대표 기업으로 자리매김하는 동안 회사의 출발점과는 전혀 다른 지점에서 부딪혔다. 삼성과 LG는 가전에서, 삼성과 SK는 반도체에서, LG와 SK는 통신사업에서 라이벌이 되었다. 심지어 세 회사는 전기차 시대를 맞아 2차전지 패권을 두고 국내를 넘어 글로벌에서 격전을 벌이고 있다.

회사가 커가는 과정에서 이 같은 경쟁은 불가피하다. 이윤추구를 목적으로 하는 기업의 특성상 '돈이 되는' 사업에 뛰어드는 것은 당연하다. 기존 사업에서 이미 성공을 거둔 대기업일수록 더욱 그렇다.

'공정경쟁'이란 이름으로 이미 거대 공룡이 된 기업들의 무분별한 문어발식 사업 확장을 제어하고 나선 것도 이 때문이다.

미래 먹거리로 몰리는 빅테크

글로벌로 눈을 돌려도 마찬가지다. 물류 기업 아마존과 소프트웨어 기업 마이크로소프트가 클라우드 시장에서 격돌하고 있는 것이 대표적이다. 아마존과 마이크로소프트 이외에도 구글, 알리바바, 텐센트 등 글로벌 빅테크와 국내 플랫폼 1위 기업 네이버까지 이 시장에 뛰어들었다. 이유는 간단하다. 시장의 성장성이 높기 때문이다. 전 세계 글로벌 클라우드 시장은 그 어떤 산업보다 성장 속도가 빠르다. 이미 지난 6년간 229조 원 규모로 성장했다(2021년 10월 기준). 업계에선 앞으로 수년간 500조 원 이상의 성장 여력이 남아 있다고 보고 있다. 오는 2025년 글로벌 클라우드 시장 규모가 848조 원 규모에 달할 것이란 전망이 나오는 이유다.

'클라우드' 산업처럼 새로운 산업 트렌드가 생겨날 때 경쟁은 더욱 치열해진다. 누가 빠르게 주도권을 잡느냐에 따라 승패가 좌우되기 때문이다. 경쟁 시장에서 선점효과는 어느 이론보다 강력하다. 배달 앱 시장에서 배달의 민족, 요기요, 배달통 등 이른바 배달 춘추전국시대가 펼쳐졌을 당시에도 그랬다. 국내에서 배달앱을 처음 내놓은 것은 2010년 출시된 배달통이다. 하지만 2010년만 해도 앱을 통해 음식을 주문하는 데 익숙지 않았다. '21세기 첨단 지라시'라는 콘셉트를 내세운 배달의 민족의 등장으로 본격적으로 시장이 커졌다. 독일의 배달 업체 딜리버리 히어로가 '요기요'라는 이름으로 가세하며 3파전이 시작되었다. 이후 수십 개의 배달앱이 난무했다. 하지만 시장을 선점한 이들의 벽은 높았다. 결국 국내 1호 배달앱 배달통은 2021년 역사의 뒤안길로 사라졌다.

배달시장이 급팽창하자 쿠팡이 새로운 메기로 등장했다. 순수 배달앱으로 10년간 성장해온 배달의 민족과 한국판 아마존으로 성장한 쿠팡이 배달시장을 두고 새로운 혈전을 벌일 것이란 것은 누구도 예상하지 못한 일이었다.

치열해지는 '네카' 전쟁

국내 플랫폼 업체들도 앞선 장에서 보듯 곳곳에서 부딪히고 있다. 특히 여러 분야 가운데 네이버와 카카오의 최대 격전지는 콘텐츠 분야다. K-POP을 이끌고 있는 BTS, 한국 영화사를 새롭게 쓴 〈기생충〉, 전 지구인의 안방을 달군 〈오징어게임〉 등 K-콘텐츠의 힘은 나날이 강해지고 있다. 한국콘텐츠진흥원에 따르면 드라마 웹툰 등 세계 콘텐츠 시장 규모는 2020년 2조 2,949억 달러 규모에서 2024년 2조 7,966억 달러까지 성장할 것으로 예상된다.

웹툰은 가장 뜨거운 전장으로 꼽힌다. 〈미생〉〈이태원클라쓰〉〈내 국내 대표 플랫폼 기업인 네이버와 카카오는 사업 영역이 확대되며 곳곳에서 부딪히고 있다. 콘텐츠, 금융, 신기술 등 다양한 영역에서 여전히 진검승부를 벌이는 중이다.

부자들〉〈신과 함께〉 등 웹툰이 드라마와 영화의 모태 콘텐츠가 되는 사례는 이제 우리에게 익숙해졌다. 네이버웹툰을 원작으로 한 넷플릭스 드라마 〈스위트홈〉이 2020년 말 한국을 포함해 말레이시아, 필리핀, 싱가포르, 대만, 카타르, 태국, 베트남 등 총 8개국에서 1위에 올랐다. 공개 4일 만에 해외 13개 국에서 1위를 차지했다는 기록도 있다. 원작인 네이버 웹툰 〈스위트홈〉은 은둔형 외톨이 고등학생 현수가 그린홈 아파트에서 겪는 기괴한 이야기를 그렸다. 넷플릭스 드라마 흥행에 앞서 이미 웹툰으로 전 세계인을 매료시켰다. 웹툰 〈스위트홈〉은 영어, 일본어, 프랑스어 등 9개 언어로 서비스되어 글로벌 누적 조회수 12억 건을 넘어설 정도로 큰 인기를 끌었다.

'웹툰계의 넷플릭스'라 불리는 네이버웹툰은 이미 전 세계 월간 이용자(MAU)가 7,200만 명에 달한다(2021년 4월 기준). 이 같은 콘텐츠를 생산하기 위해 네이버웹툰의 글로벌 창작 공간 '캔버스'엔 전 세계의

70만 명의 창작자가 활동하고 있다.

카카오 역시 웹툰계의 넷플릭스를 꿈꾸고 있다. 2021년 3분기 전체 매출에서 플랫폼(톡비즈, 포털비즈 등)이 차지하는 매출 비중(45%)이 콘텐츠(게임, 웹툰 등) 매출(55%)에 뒤집혔다. 1년 전만 해도 플랫폼과 콘텐츠 매출 비중은 각각 53%, 47%로 플랫폼 부문이 앞섰다.

카카오는 일본 업계 1위 픽코마(카카오재팬)를 앞세워 질주하고 있다. 카카오재팬은 카카오픽코마로 사명을 변경하고 프랑스를 필두로 유럽 시장에도 진출한다. 북미 최초 웹툰 플랫폼인 타파스를 인수해 글로벌 콘텐츠 기업으로 진화를 시도하기도 했다. 타파스는 2012년 미국 샌프란시스코에 설립된 북미 최초의 웹툰 플랫폼이다. 2020년 매출이 전년 대비 5배 성장하는 등 급성장하고 있는 회사다. 카카오가 타파스 인수를 위해 쏟아부은 금액만 5억 1천만 달러(6천억 원)에 달한다.

모바일 영문 웹소설 콘텐츠 플랫폼 래디쉬를 인수해 글로벌 IP(지식재산) 확보에도 나섰다. 웹소설이나 웹툰이 드라마, 영화로 활용되는 사례가 늘면서 IP의 중요성이 나날이 커지고 있어서다. 래디쉬는 2016년 미국 뉴욕에서 설립된 모바일 특화형 영문 소설 콘텐츠 플랫폼으로 자체 IP 위주 사업을 하고 있다. 업계 관계자는 "해외에서 벌어들이는 매출 가운데 콘텐츠가 차지하는 비중이 주를 이루고 있는 만큼 웹툰, 웹소설 시장을 두고 두 회사 간의 운명이 걸린 한판의 승부가 벌어질 것"이라고 전망했다.

금융시장에서의 격돌도 향후 미래를 위해 중요한 승부처다. 네이버의 핀테크 매출은 2021년 3분기 기준 전년 대비 38.9%나 증가했다. 네이버페이 분기 결제액 9조 8천억 원, 스마트스토어 사업자대출 누적 취급액은 출시 10개월 만에 1천억 원을 돌파했다. 회사 측은 "네이버페이 앱, 네이버 현대카드 등 신규 서비스 출시로 결제 및 멤버십 생태계 강화중"이라고 했다.

국내 유가증권시장에 상장한 카카오뱅크와 카카오페이의 시가총액은 이미 50조 원에 달한다. 특히 카카오 실적 가운데 급성장하고 있는 플랫폼 부문(모빌리티, 페이 등)에서 페이 결제 거래액 성장이 큰 역할을 하고 있다. 금융 플랫폼으로 거듭나고 있는 카카오는 금융, 은행, 증권, 보험 등으로 영역을 넓히고 있다. 간편결제, 대출 등에서 네이버와 곳곳에서 경쟁을 피할 수 없는 구조다.

과거 포털사이트(네이버), 모바일메신저(카카오톡)처럼 각 사의 주력 사업군이 확연한 차이를 보였다면 점차 같은 사업군에서 대면하는 사례가 늘고 있다. 두 회사 모두 포털 광고, 톡비즈니스 등 기존 주력 사업의 성장성이 한계에 다다르고 있는 만큼 본격적인 경쟁은 어쩌면 지금부터 시작일지 모른다. 네이버와 카카오의 미래가 궁금하다면 두 회사가 격돌하는 사업군에 주목할 필요가 있다.

네이버는
어디까지 성장할 것인가?

네이버는 하나의 종목에 집중되어 있다.
일본 등에서 카카오가 선점한 사업들을
네이버가 추격할 수 있는 여지가 남아 있다는 점도 긍정적인 요인이다.

　네이버와 카카오의 장기 성장 가능성에 의문을 제기하는 이들은 많지 않다. 국내 플랫폼을 장악한 이들이 각종 신사업으로 글로벌로 영토를 확대하고 있기 때문이다.

　한 펀드매니저는 "굳이 네이버와 카카오의 우열을 가릴 필요없이 두 회사 주식을 모두 장기 보유하면 된다"고 했다. 고민할 필요 없이 둘 다 좋은 주식이란 얘기다. 그럼에도 투자자들은 네이버 주식을 살지, 카카오 주식을 살지를 궁금해한다. 애널리스트와 펀드매니저들이 전망한 네이버의 미래는 어떨까?

　국내 증권사 19곳이 내놓은 네이버의 목표 주가는 54만 5,263원(2021년 11월 16일)이다. 당시 주가는 40만 5,500원이었다. 상승 여력이 35% 남짓 남아 있는 셈이다. 이유는 다양하다.

우선 기존 네이버 수익을 떠받치고 있는 커머스 실적이 꾸준히 우상향할 것이란 분석이 나온다. 하나금융투자는 "커머스 사업부의 경우 온라인 전환 트렌드가 지속될 것이며 연간 매출은 25% 견조한 성장을 지속할 것"이라고 전망했다. 2021년 연말 기준 50만 개에 달하는 스마트스토어를 통해 멤버십, 광고 등 다양한 비즈니스 토대를 마련했다고도 했다.

현대차증권은 커머스 매출이 오는 2022년 전년 대비 35% 뛸 것이라고 예상했다. 온라인 쇼핑 시장이 매년 약 25%씩 성장해오고 있는 상황에서 네이버의 경우 브랜드스토어, 쇼핑라이브 등의 차별화로 시장 성장률을 웃돌 것이란 이유에서다. 메리츠증권은 '2022년은 쇼핑 수익화의 원년'이라며 쇼핑사업의 수익이 본격화할 것이라고 봤다.

쇼핑 끝판왕이 된 네이버

네이버 플러스멤버십 가입자가 성장하고 있는 것도 긍정적인 요소다. 2020년 말 250만 명을 돌파한 네이버 플러스멤버십 가입자는 2021년 470만 명의 회원을 확보하고 있는 쿠팡의 로켓와우를 뛰어넘을 것이란 관측도 제기되었다.

플러스멤버십은 2020년 6월 시작한 각종 혜택을 모아놓은 유료 패키지 서비스다. '강력한 적립, 강력한 콘텐츠'를 내세우고 있다. 우선 회원들에게 네이버페이 사용시 최대 5%의 적립 혜택을 제공한다. 티

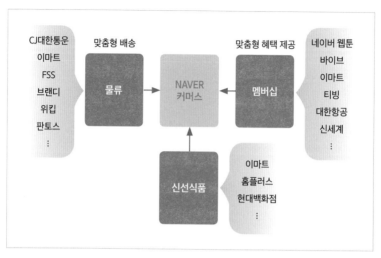

네이버는 네이버쇼핑이란 강력한 무기를 지녔다. 이를 기반으로 멤버십, 물류, 신선식품 등 다양한 네이버만의 커머스 영역을 구축하고 있다.

출처: 신한금융투자

빙 방송 무제한 이용권, 웹툰 49개, 영화 1편 할인 쿠폰, 시리즈온 영화 무제한 이용권, 콘텐츠 체험팩 5종에서 하나를 선택해 이용할 수 있다. 첫 달은 무료, 다음달부터는 월 4,900원의 요금을 내야 한다.

네이버페이 거래액이 급증하고 있는 것도 네이버의 미래를 긍정적으로 평가하는 요소다. 네이버페이 거래액은 2020년 26조 원이었으며, 2022년에는 56조 원까지 성장할 것으로 예상된다. 일각에선 네이버 후불결제(BNPL · Buy Now, Pay Later) 서비스가 700조 원 규모의 신용카드 시장을 대체할 것이란 핑크빛 전망도 내놓고 있다.

네이버파이낸셜은 2021년 소액후불결제 시스템을 시작했다. 신용카드 발급이 어려운 주부나 대학생 등을 주 타깃으로 삼았다. 최대 30만 원 한도에서 신용 카드처럼 선구매 후 결제금을 나중에 한꺼번에 결제하는 방식이다. 글로벌 BNPL 시장은 2021년부터 매년 22.4%씩 성장해 2028년이면 204억 달러에 이를 것으로 추산되고 있다.

제페토 롯데월드
유튜브 영상

콘텐츠 부문 실적도 꾸준한 상승곡선을 그리고 있다. 현대차증권에 따르면 2022년 콘텐츠 부문 매출은 전년 동기 대비 36.5% 성장할 것으로 예상된다.

콘텐츠 부문 매출의 70% 이상은 웹툰, 웹소설 플랫폼을 운영하는 네이버웹툰에서 나온다. 관건은 글로벌 확장 속도다. 업계에선 2021년 거래액 1조 원을 달성한 후 북미, 일본, 동남아 등에서 점차 점유율을 높여갈 것으로 보고 있다. 누적 가입자 2억 명을 돌파한 메타버스 플랫폼 제페토 역시 기대되는 사업분야다.

제페토 안에 차려진 가상의 롯데월드에는 3주 만에 300만 명이 넘는 인원이 다녀갔다. 이 중에 90%가 인도네시아, 태국, 일본 등 해외 유저로 집계되었다. 아바타를 통해 자이로드롭 등의 놀이기구를 탑승하거나 호러 콘텐츠들과 인증샷을 찍을 수도 있다. 메타버스 시장이 워낙 초기이다 보니 업계 사이즈가 어느 정도로 확대될지 섣불리 예측하긴 어렵지만 전문가들은 스마트폰의 출현만큼이나 메타버스가 새롭게 산업 패러다임을 바꿀 것으로 보고 있다.

네이버의 숨은 가치를 찾아라

현대차증권은 네이버에 숨은 10조 원의 가치가 있다는 분석을 내놓기도 했다. 우선 제페토, 케이크, 크림 등 Z세대를 공략할 플랫폼 3사의 가치만 해도 최소 4조 원이 된다고 봤다. 케이크(cake)는 영어회화 교육 앱으로 2018년 3월 국내 서비스를 시작했다. 원어민의 생생한 영상을 다양한 숏폼 형태의 학습 콘텐츠를 제공하면서 젊은 세대에게 큰 호응을 얻고 있다.

크림(KREAM)은 한정판 리셀 플랫폼이다. 무신사 솔드아웃과 함께

| 다가올 메타버스 세상 |

네이버는 메타버스 플랫폼인 제페토를 통해 누적 가입자 2억 명 이상을 확보하며 산업 패러다임의 변화에 선제적으로 대처하고 있다.

출처: 제페토

국내 시장을 양분하고 있다. 전체 가입자 160만 명 중 MZ세대 비중이 80%에 달하는 것으로 알려졌다.

일본과 동남아에서 라인도 추가적으로 2조 원의 가치를 매길 수 있다고 봤다. 라인은 일본에서는 페이페이와의 통합을 통해 압도적 1위 간편결제 사업자로 올라섰다. 2022년에는 라인뱅크 영업을 시작하는 것으로 전해진다. 이미 인도네시아에서는 라인뱅크 영업을 시작했다. 태국, 대만, 인도네시아 등 동남아 핀테크 시장을 선점했다는 평가가 나오는 이유다.

김한용 연구원은 아시아 TOP3를 노리는 클라우드 사업과 국내 최고 AI 네이버랩스에도 2조 원의 가치를 매겼다. 클라우드 사업부문은 로 3년간 연평균 57%씩 성장하는 분야다. 아마존, 마이크로소프트 등 글로벌 빅테크가 선점한 시장에서 오는 2025년 국내 2위, 아태지역 3위를 목표로 공격적인 투자를 단행하고 있다.

이 밖에도 위버스와 V LIVE 간 통합 플랫폼이 론칭할 경우 K-POP 1위 플랫폼이 태동할 것이란 기대감 등에 힘입어 콘텐츠 분야에서 추가 2조 원의 가치를 평가했다.

카카오뱅크, 카카오게임즈, 카카오페이 등 핵심 사업군이 줄줄이 분리 상장한 것과 달리 네이버는 하나의 종목에 똘똘 뭉쳐 있다는 점도 플러스 요인이다. 커머스, 간편결제, 웹툰 등의 콘텐츠, 클라우드 사업까지 다양한 사업의 성장성이 네이버 주가에 고스란히 반영될 수 있기 때문이다.

김태홍 그로쓰힐자산운용 대표는 "핵심 자회사가 시장에서 따로따로 밸류에이션을 받고 있는 것과 달리 네이버는 하나의 종목에 집중되어 있다"며 "일본 등에서 카카오가 선점한 사업들을 네이버가 추격할 수 있는 여지가 남아 있다는 점도 긍정적인 요인"이라고 분석했다.

카카오 주식,
지금 사도 되나요?

핵심 자회사들의 상장으로 모회사인 카카오의 투자 메리트가 약화될 가능성이 있지만,
카카오가 광고와 커머스 기반으로 지속 성장하고 있어
자회사들과 함께 재평가가 이뤄질 것이다.

2021년 3분기, 카카오가 새 역사를 썼다. 네이버와 한게임의 합병 후 네이버의 품을 떠난 김범수 의장이 세운 카카오가 15년 만에 네이버의 매출을 처음으로 넘어섰다. 시장은 크게 놀랐다. 카카오는 3분기 연결 기준 매출 1조 7,408억 원, 영업이익 1,682억 원을 기록했다. 매출과 영업이익은 전년 동기 대비 각각 58%, 40% 증가했다. 분기 매출은 네이버(1조 7,273억 원)를 앞질렀다.

네이버의 주무기가 커머스라면 카카오는 콘텐츠 실적이 급증했다. 특히 3분기에는 콘텐츠 부문 매출(9,621억 원)이 전년 대비 84%나 늘면서 플랫폼 부문 매출을 처음으로 제쳤다. 1년 새 200% 넘게 성장한 게임이 큰 역할을 했다. 카카오의 콘텐츠 부문은 게임과 스토리(웹툰, 엔터테인먼트 등), 뮤직(멜론, 음반유통 등) 등으로 구성되어 있다. 북미 웹

툰 플랫폼 타파스, 웹소설 플랫폼 래디쉬를 인수하면서 몸집이 커진 것도 영향을 미쳤다. 여민수 카카오 공동대표는 실적 발표 콘퍼런스콜에서 "해외시장에서 K-콘텐츠가 인정받고 카카오웹툰을 출시하자 동남아시아뿐만 아니라 중국, 인도 등에서도 견고한 성장세를 보이고 있다"며 "웹툰, 게임 등 콘텐츠 외에도 카카오 서비스와 기술 역량을 활용해 새로운 시도를 하고 있다"고 강조했다.

증권사 19곳이 발표한 카카오의 목표주가 평균은 16만 4,947원이다. 2021년 11월 17일 종가 12만 7,500원 대비 29.37% 정도 상승 여력이 남아 있다. 같은 시기 목표주가와 현재 주가의 격차가 약 35% 수준인 네이버보다는 다소 목표주가가 낮은 수준인 셈이다.

여진히 막강한 카카오톡의 힘

그럼에도 여전히 카카오의 힘은 4,600만 명에 달하는 카카오톡 이용자다. 카카오톡을 기반으로 한 무한 서비스 확장 역시 '국민메신저'였기에 가능했다. 업계에선 카카오톡의 진가가 이제서야 발휘되고 있다고 보고 있다. 연일 과감한 투자를 단행하고 있는 것도 성장에 대한 자신감이 바탕이 되었다. 실제 네이버의 경우 포털을 기반으로 한 광고 수익이 완숙기에 접어들었다면 카카오는 이제서야 광고 비즈니스가 본격화하고 있다. "2022년 톡채널 광고의 본격적인 성장세가 기대된다"는 관측이 나오는 이유다. 톡채널은 카카오의 기능에 최적화된 광고 상품이란 평가를 받는다. 카카오톡 채널은 친구인 사용자들에게 마케팅 메시지를 보낼 수 있도록 만들어졌다.

'내수기업'으로 불리던 카카오가 글로벌 진출을 가속화하고 있다는 점도 기대감을 높이는 부분이다. 카카오 군단의 선봉장은 콘텐츠다. 지난 3년간 카카오는 전체 투자금액 중 절반을 여기에 쏟아부었다. 이미 일본 웹툰시장을 장악한 픽코마는 네이버가 글로벌에서 거둔 거래액과 맞먹는 거래실적을 달성한 것으로 전해진다. 북미 플랫폼 타파스, 래디쉬도 본격적인 성장을 시작했다. 태국, 프랑스 등 동남아와 유럽도 함께 공략중이다. 오동환 삼성증권 연구원은 "연말까지

| 신기술로 무장 |

현대차 그랜저에 적용된 카카오i. 카카오는 블록체인 자회사 그라운드X를 비롯해 AI 시장을 새로운 먹거리로 보고 투자를 이어가고 있다.

출처: 카카오 홈페이지

공격적인 마케팅이 예정되어 있는 만큼 2022년부터는 사업 성과가 가시화될 전망"이라고 했다. 여기에 카카오게임즈의 글로벌 확장까지 더해져 국내를 넘어 글로벌 플랫폼으로 도약하기 위해 보폭을 넓히고 있는 모습이다. 전문가들은 콘텐츠 부분의 해외 진출 성공 여부가 카카오의 미래 성장성과 크게 연관되어 있다고 보고 있다.

신기술 부문에서 존재감을 높이고 있는 것도 긍정적인 요소다. 카카오 측은 "블록체인 자회사 그라운드X의 기술력과 공동체 내 강력한 콘텐츠 자산을 활용할 수 있는 대체 불가능 토큰(NFT) 관련 전략을 수립하는 등 메타버스 시대에 준비하고 있다"고 밝힌 바 있다. 이미 제페토 등을 통해 메타버스에 대한 기대감이 주가에 반영된 네이버와 달리 이제 관련 사업을 운을 떼기 시작한 카카오의 경우 사업의 가시화될 경우 주가에 힘을 보탤 수 있다.

카카오의 블록체인 자회사 그라운드X의 한재선 대표는 NFT 사업과 관련해선 "클레이튼(카카오의 블록체인 네트워크)이 국내 시장에서 성장하고 있지만, 글로벌 인지도가 낮은 것이 사실"이라며 "클레이튼 성장 펀드를 통해 글로벌 시장에 본격적으로 진출하기 위해 준비중"이라고 설명했다.

메타버스에도 공을 들이고 있다. 카카오엔터테인먼트가 넷마블 메타버스 자회사에 전략적 투자자로 참여한 것이 하나의 사례다. 이진수 카카오엔터테인먼트 대표는 "넷마블에프앤씨가 가진 최고의 캐릭터 제작 능력과 카카오엔터테인먼트의 글로벌 밸류 체인이 만나 새로운 세계인 메타버스에 또 다른 파격을 입힐 수 있을 것으로 기대한다"며 "메타 아이돌을 시작으로 글로벌 엔터테인먼트 시장을 향한 도전을 멈추지 않겠다"고 했다.

AI 분야에서도 두각을 나타내고 있다. 실제 2021년 말 한국어 초거대 AI(hyperscale AI) 언어모델 'KoGPT'를 공개했다. 'GPT-3'는 인간과 AI가 자연어를 바탕으로 소통할 수 있도록 감정 분석까지 갖춘 AI 기술로 'KoGPT'는 오픈 API(응용프로그램 인터페이스) 언어 모델 'GPT-3'의 한국어 특화 버전이다. 예를 들어 영화 평가 댓글을 보고 댓글이 영화에 대해 긍정적인지 부정적인지 판별할 수 있고, 글의 내용을 짧게 요약할 수 있다. 인과관계 추론도 가능하다. 김일두 카카오브레인 대표는 "앞으로 GPT 기술의 크기와 성능을 100배로 키울 것"이라며 "GPT를 오픈소스로 개방해 일반 대학과 스타트업 등의 기술 접근성을 높일 것"이라고 밝혔다. 향후 영어, 일본어 모델도 준비해 오픈소스화할 예정이다.

줄줄이 상장한 카카오, 괜찮을까?

국내 최초 웹툰·K-POP·드라마를 아우르는 종합 콘텐츠 독립법인인 카카오엔터테인먼트의 성장성도 관전포인트다. 웹툰은 물론 음반유통, 드라마와 영화 제작사 등을 보유하고 있기 때문이다.

2020년 하반기 주가의 발목을 잡았던 규제 이슈도 금세 사그라든 상태다. 카카오는 연례 개발자 회의인 '이프(if) 카카오 2021'을 통해

2021년 국내 증시에 상장한 카카오페이는 성장하는 금융서비스 부문과 카카오페이증권, 가칭 카카오손해보험 등에 대한 기대감에 이목이 쏠리고 있다.

출처: 카카오페이

입점수수료, 연동수수료가 전혀 없는 수수료 제로의 '상생 개방형 상거래 플랫폼'을 구축하겠다는 계획도 발표하며 상생 의지를 다지기도 했다. "브랜드, 소상공인 모두에게 동일 조건을 제공해 진정한 의미의 상생을 도모하겠다"는 취지다.

카카오는 손대는 사업마다 승승장구하자 사업군별로 별도 상장을 추진하고 있다. 카카오게임즈를 시작으로 카카오뱅크, 카카오페이가 국내 증시에 진입했고 카카오엔터테인먼트, 카카오모빌리티 등이 상장을 대기하고 있다. 일각에선 이 때문에 카카오의 모멘텀이 분산된다는 지적도 나온다. 반면 신진호 마이다스에셋자산운용 대표는 "모멘텀이 분산되는 상황이지만 카카오가 그간 잘해온 것이 새로운 비즈니스를 창출하는 것"이라며 "그 빈자를 메울 추가 사업이 연이어 탄생하면서 카카오의 성장을 이끌 것"이라고 전망했다. 메리츠증권 역시 "2022년에도 주요 자회사들의 가치 재평가가 지속될 것"이라며 "핵심 자회사들의 상장으로 모회사인 카카오의 투자 메리트가 약화될 가능성이 있지만 카카오가 광고와 커머스 기반으로 지속 성장하고 있어 자회사들과 함께 재평가가 이뤄질 것"이라고 관측했다.

카카오뱅크가
바꿀 세상

카카오뱅크의 계좌잔고를 카카오페이를 통해 송금하고,
카카오뱅크에서 주식계좌를 만들고,
카카오페이증권에서 주식거래를 할 수 있는 구조를 갖췄다.

'16주차 도전중' SNS(소셜네트워크서비스)를 통해 MZ세대들은 자신이 가입한 카카오뱅크의 '26주 적금' 적립 현황을 놀이처럼 인증했다. "6개월 모은 돈으로 여행에 다녀왔다"고 밝힌 이들도 있다. 통상 가입 기간이 긴 기존 은행권 적금과 달리 26주 적금은 6개월이란 짧은 기간을 설정하도록 했다. 대신 적은 금액에서 시작해 매주 납입해야 하는 금액이 증가한다. 과거 유행했던 풍차돌리기 재테크 방식을 적용했다.

단기간에 목돈을 모을 수 있다는 장점에 매주 적금이란 게임 미션을 해결하는 듯한 재미가 더해지자 MZ세대에게 폭발적인 인기를 끌었다. 실제 가입자 가운데 2030세대 비율이 약 70%에 달한다.

카카오뱅크는 금융은 어렵다는 인식을 깨뜨리고 있다. 10여 년 전 복

| 카뱅의 26주 적금 |

카카오뱅크의 '26주 적금'은 금융에 재미를 더해 MZ세대의 큰 호응을 얻고 있다.

출처: 카카오뱅크

잡하기만 했던 송금 서비스를 간편 송금 등으로 간소하게 만든 토스처럼 말이다. 은행 창구를 찾아 직접 적금에 가입하기 부담스러웠던 이들에게는 편안함을, 너무 적은 돈으로 적금을 가입하기 부끄러웠던 이들에게는 자신감을 선사했다. 26주 적금을 최소 1천 원부터 납입할 수 있도록 만든 것도 이 때문이다.

은행업을 대하는 고객들의 자세도 달라졌다. 카카오 상태메시지에 적어놓은 '금연 10주차' 문구처럼, 인스타그램에 운동사진과 함께 '다이어트 3개월차'라는 일상을 공유하는 것처럼 나의 적금 현황을 SNS에 인증하는 시대가 된 것처럼 말이다.

재미를 더한 카뱅의 쾌속질주

26주 적금에 빠진 이들은 여러 개의 적금을 가입하기 시작했다. 터치 몇 번으로 가입이 가능하다 보니 초기 가입 금액을 다르게 설정해 여러 개 적금을 동시에 굴리는 이들이 생겨났다. 카카오뱅크에 따르면 26주 적금 고객 가운데 13만 명(2021년 9월 기준)이 2개 이상의 26주 적금에 가입하고 있는 것으로 나타났다. 5개가 넘는 적금에 가입한 이들도 1만 5천 명에 달했다. 대신 가입 첫주 적금을 해지한 작심삼일형 고객 비중도 14.3%나 되었다. 가입처럼 해지 절차도 간편하다 보니 쉽게 변심하기 쉬웠다.

| MZ세대를 사로잡은 카뱅 |

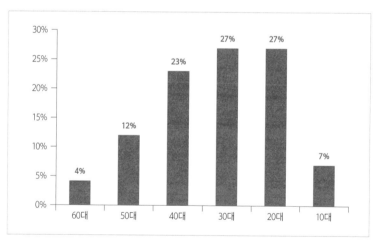

카카오뱅크 26주 적금 가입자 가운데 2030세대 비율은 약 70%에 달한다. 이 같은 효과에 힘입어 카카오뱅크 전체 고객에서도 젊은 비중이 압도적으로 높다.

출처: 카카오뱅크, 하이투자증권

편리함과 재미가 더해진 카카오뱅크 가입자는 1,700만 명(2021년 9월 기준)까지 늘었다. 카카오뱅크 출범 이후 8초에 한 명씩 새로운 고객이 증가한 셈이다. MZ세대를 중심으로 인기를 끌던 가입자 연령대도 높아졌다. 2021년 신규 가입자 중 40대 이상이 차지하는 비율은 약 50%로 나타났다. 카카오의 친숙함과 모바일에 최적화된 서비스는 이처럼 고객들을 빨아들이고 있는 모습이다. 시중은행의 긴장감도 높아지고 있다.

하나금융그룹에 속한 하나금융경영연구소는 "최근 4050세대로 인터넷은행 고객 저변이 확대되고, 시중은행과 앱교차 사용이 일반화되는 등 토스뱅크의 출현은 인터넷은행 간 제살깎기 경쟁보다는 전반적인 은행업 경쟁강도를 심화시킬 것"이라고 전망을 내놨다.

2017년 문을 연 K뱅크에 이어 카카오뱅크, 토스뱅크가 합류한 인터넷은행들이 삼국지를 연상케하는 치열한 경쟁체제에 돌입했다는 점도 우리에겐 새롭다. 기존 은행과 인터넷 은행 간의 경쟁은 물론 3자 구도가 완성된 인터넷은행끼리도 차별화된 서비스를 내놓으며 고객들에게 보다 나은 혜택을 제공하고 나섰기 때문이다.

2천만 명이 넘는 토스 가입자를 바탕으로 카카오뱅크에 도전장을 내민 토스뱅크는 '조건 없이 연 2%의 이자를 주는 수시입출금 통장' '은행권에서 가장 낮은 연 2.76% 금리에 최대 2억 7천만 원까지 빌려주는 신용대출' '매월 4만 6,500원을 돌려주는 체크카드' 등을 내걸며 공격적인 서비스를 시작했다. 후발주자로서 고객들의 눈길을 끌기 위한 업그레이드 된 서비스였다. 고객 입장에선 나쁠 게 없었다.

콧대 높던 은행들마저 무한 경쟁에 돌입하면서 소비자들은 자신에게 100원이라도 이윤이 더 생기는 은행을 택할 기회가 생겼다. 한 시중은행 관계자는 "은행들이 무시했던 토스가 간편 송금, 신용점수 조회 등의 서비스를 잇따라 성공시키며 소비자들에게 기존에 없던 편리함을 제공하기 시작한 것처럼 카카오뱅크와 같은 인터넷은행의 등장은 고객들에게 기존에 얻지 못했던 '플러스 알파'를 챙길 수 있는 기회가 생긴다는 점에서 의미가 있다"고 평가했다.

인터넷은행 3곳의 첫 번째 격전지는 중저금리대출 시장이다. 금융당국이 인터넷은행 설립을 허가한 것은 중저신용자들의 금융 저변을 확대하겠다는 취지가 담겨 있다. 시중은행을 이용하기 어려운 중저신용자들에게 대출 기회를 제공할 수 있는 기회를 넓히는 차원이다. 제1금융권 대출이 거부되었던 사람들이 제1금융권 대출을 받게 되면 신용도 상승 효과가 생긴다. 금융당국이 신생 인터넷은행들에게 본래 설립 취지에 포함된 중금리 대출 실적을 늘리지 않을 경우 신사업 진출에 제한을 두겠다며 중금리 대출 확대를 압박하고 나선 것도 이 때문이다.

카카오뱅크, 케이뱅크, 토스뱅크 등은 2021년 말까지 중저신용자 대출 비중을 각각 20.8%, 21.5%, 34.9%까지 늘려야 하는 숙제를 안고 있다. 카카오뱅크가 중저신용 고객 전용 대출 신상품을 추가 출시하고 26주 적금에 가입하는 중저신용 고객에 대해서는 이자를 2배 지급하는 프로모션을 실시한 것도 이런 흐름과 관련이 있다. 카카오뱅크는 신규 대출을 받은 중저신용 고객에게 각각 한 달치 이자를 환급해주는 이벤트도 벌였다. 이자 환급, 금리 우대 혜택을 통해 중저신용자 비율을 목표치까지 끌어올리겠다는 포석이다.

카카오뱅크는 앞서 오는 2023년 말까지 중저신용자 대출 비중을 30%로 확대한다고 밝힌 바 있다. 토스뱅크는 이보다 높은 '3년 내 중저신용자 대출 비중 40% 이상'이란 목표를 잡았다. 정부 규제에 취약한 금융업의 특성상 금융당국이 요구하고 있는 비율을 맞추기 위해 안간힘을 쓸 가능성이 높다. 카카오뱅크의 등장으로 중저신용자의 대출길이 확대되었다는 평가가 나오는 이유다. 하나금융경영연구소는 이에 "인터넷은행 간 중저신용자 대출 경쟁이 치열해지면서 신용평가시스템의 차별화와 연체율 관리가 핵심 경쟁력으로 작용할 것"이란 전망을 내놓기도 했다.

"결국 문제는 대출이야"

카카오뱅크 등 인터넷은행에게 가장 큰 기대가 쏠렸던 주택담보대출 서비스는 아직 안개속이다. 급증한 가계부채를 잡기 위해 금융당국이 가계부채 안정화 대책을 꺼내들었기 때문이다. 가계부채 안정화 대책의 핵심은 가계부채 증가율을 4%대로 복원시키겠다는 것이다. 당장 신용대출로 덩치를 키우던 인터넷은행은 제동이 걸렸다. 연말께 주택담보대출 서비스를 선보이려던 카카오뱅크도 계획을 내년 초로 미뤄야 했다.

박혜진 대신증권 연구원은 "인터넷전문은행도 은행이기 때문에 가계대출 규제와 관련해서 자유롭지 않을 것이고 고성장 기반이었던 신용대출 증가세가 둔화될 전망"이라며 "담보대출 비중도 늘려야 하는데 부동산 등기부등본 열람을 비대면으로 진행할 수 없기 때문에 기술이 있어도 진행이 불가능하다"고 관측했다. 다만 인터넷은행들이 주택담보대출 서비스를 본격화할 경우 거대 시중은행을 추격할 수 있는 몸집을 불리는 데 유리하다.

하이투자증권은 보고서를 통해 신용대출 시장에서 카카오뱅크의 시장 침투율을 주택담보대출 시장에 적용할 경우(대출금리 2.8%, 침투율 6%) 이자수익만 1조 원이 추가로 발생할 수 있다고 예상했다. 내 집 마련에 대한 관심이 커진 젊은 세대들은 익숙한 카카오뱅크를 통해 신용대출에 이어 주택담보대출을 고려할 가능성이 높다.

업계에 따르면 주택담보대출 시장 규모는 신용대출의 2.5배에 달하는 것으로 전해진다. 전문가들이 주택담보대출 서비스를 카카오뱅크가 한 단계 더 성장할 수 있는 포인트로 바라보는 이유다. 기존 시중은행 역시 신용대출에 이어 주택담보대출 시장까지 인터넷은행에게 점유율을 빼앗길 경우 이에 대처하기 위한 차별화된 서비스를 검토할 수밖에 없다.

카카오뱅크와 토스뱅크의 상륙은 비대면 금융업무 트렌드를 가속화시키는 촉매제 역할로도 이어졌다. 코로나19로 인해 은행들은 앞다퉈 '디지털화'를 선언한 상태다. 특히 자금 규모가 큰 중장년층이 코로나19 사태라는 불가항력적인 상황 속에서 디지털 문화에 친숙해진 것이 결정적인 역할을 했다. 실제 은행 점포수는 지난 2015년 대비 13.2%나 감소한 상태다. 은행들이 인건비, 임대료 등 큰 고정 비용이 들어가는 오프라인 점포수를 줄일 수 있는 기회를 호시탐탐 엿보고 있었던 것과도 맞아떨어졌다. 직원이 없는 무인점포가 속속 등장하거나, 디지털을 기반으로 한 방문 영업을 확대하려는 움직임도 카카오뱅크가 만들어낸 후폭풍으로 볼 수 있다. 시대 흐름과 맞물려 등장한 새로운 플랫폼의 파장이 업계 전체를 요동치게 만든 셈이다.

결국 카카오뱅크가 만들어 낼 미래는 향후 어떤 다른 비즈니스 전략을 보여주느냐에 달려 있다. 재미가 더해진 편리함으로 일단 고객들을 끌어들이는 데는 성공했지만 결국 사람들이 움직이는 것은 0.1%라도 높은 이자, 0.01%라도 싼 대출금리다.

당장 지금의 수익성을 높이려는 노력보다 기존 은행이 주도하던 시장에 침투해 고객들을 끌어들이는 전략이 필요하다는 게 전문가들의 분석이다. 카카오톡이라는 기존의 막강한 플랫폼의 힘을 등에 업고 시작한 만큼 향후 카카오뱅크 앱 상에서 얼마만큼의 트래픽을 발생시킬 수 있는 지가 미래의 성장성을 가늠할 척도가 될 것으로 보인다. 플랫폼 기업의 최대 매출처인 광고와 수수료 수익을 거둬들이려면 높은 트래픽이 필수 요소이기 때문이다. 대출에서 얻는 수익 외에 여러 증권사 계좌를 개설해주거나 신용카드 발급 서비스를 진행하고 있는 것도 트래픽을 높이기 위한 일환이다.

카카오 계열사들이 어떤 시너지를 만들어 내느냐도 눈여겨볼 만한 포인트다. 전문가들은 이미 카카오 이용자들이 "카카오뱅크 계좌 잔고를 카카오페이를 통해 송금하고, 카카오뱅크에서 주식계좌를 만들고, 카카오페이증권에서 주식거래를 할 수 있는 구조를 갖췄다"고 보고 있다. 아울러 "카카오페이 인증을 통해 업비트 계좌로 송금해 가상화폐를 거래하는 것도 가능해졌다"고 했다. 일상에서 벌어지는 금융거래 전 과정이 카카오라는 생태계 안에서 이뤄지는 세상이 안착할 수 있을지 시장의 관심이 쏠리고 있다.

우리에게 남은
마지막 기회

"그때 샀으면 내가 지금쯤 말이야…"라는 말을 반복하는 이들도 적지 않을 것이다.
한 번 놓친 기회는 다시 돌아오지 않는다.
어쩌면 지금이 라스트 찬스(last chance)일지 모른다.

주가는 '경제를 비추는 거울'이다. 각종 테마주들이 기승을 부리는 경우도 있지만 그것 역시 시대를 관통하는 테마가 있어야 주가를 밀어 올릴 수 있다. (간혹 아무 이유 없이 특정 세력에 의해 널뛰는 주식도 있다.) 미래에 대한 기대가 없다면 주가는 움직이기 힘들다.

특히 매수·매도 타이밍을 맞추는 일은 무엇보다 어렵다. 운이 좋아 한두 번 적중하는 경우는 있지만 빈번하게 주식을 사고 파는 행위는 대부분 수익률에 악영향을 미친다. "주식은 파는 것이 아니다"라고 말하는 이도 있다. 존 리 메리츠자산운용 대표가 대표적이다. 그는 "좋은 수익률을 기록한 것은 주식을 팔지 않았기 때문"이라며 "5배 오를 수 있는 주식을 50% 수익이 났다고 팔지 말라"고 조언한다. 대신 성장산업을 파악하는 일이 중요하다. 베스트 펀드매니저로 유명한 이한영 DS자산운용 주식운용1본부장은 "산업 패러다임을 근본적으로 변화시키고 있는 산업에 투자하라"고 조언한다.

코로나19 이후 새로운 성장주로 자리잡은 BBIG(바이오·배터리·인터넷·게임) 종목들이 대표적이다. 인터넷으로 분류되었던 네이버와 카카오도 이에 속했다. 카카오의 2020년 한 해 수익률은 153.75%에 달한다. 코스피(32.10%) 상승률을 크게 웃도는 수치다. 네이버도 같은 기간 56.84%의 수익을 냈다. 이들의 주가가 가파르게 오르며 곳곳에서 고평가 논란이 쏟아졌다. 단기간에 주가가 급등하자 투자자들 사이에선 불안감도 커졌다. 하지만 이듬해에도 수익률은 우상향 곡선을 그렸다. 10월 말 기준 카카오는 61%, 네이버는 39%의 수익률을 기록했다. 코스피지수가 3000을 돌파한 후 지지부진한 흐름을 보이며 상승률이 3.38%에 그치던 시기였다. '늦었다고 생각할 때'였을지라도 두 플랫폼 기업의 미래 성장 가능성을 믿었다면 양호한 수익을 함께 누렸을 가능성이 높다.

성장주에 올라타라

전 세계적인 에너지 대전환 기조에 따라 급성장하고 있는 2차전지 관련주나 스마트폰의 출현 이후 가장 큰 산업 변화트렌드로 불리는 메타버스 관련기업들 역시 마찬가지다. 사상 최고가 기록을 연일 경신하고 있는 미국 시장도 마찬가지다.

결과론적 얘기라고 비판하는 이들도 있을 수 있지만, 5년 전 구글과 유튜브를 등에 업은 알파벳의 성장성에 베팅했다면 5년 후 어떤 결과를 낳았을지를 생각해보면 간단하다. 300%(2016년 11월~2021년 11월)에 달하는 수익을 기록했을 것이다. 5년 전 아무도 구글의 성장 가능성을 의심하지 않았다. 오히려 알파고 이후 구글 딥마인드는 다가올 인공지능(AI) 시대에 대한 기대감을 전 세계인들에게 심어준 상태였다.

테슬라는 말할 것도 없다. 5년 전 주당 50달러도 채 미치지 못했던 주가가 1천 달러를 넘어서면서 '천슬라'로 불리고 있으니 말이다. 굳이 영어로된 외신을 찾아보지 않았더라도 국내 언론을 통해 2016년 연말께 〈테슬라 오토파일럿 덕분에 충돌 사고 면해〉 〈테슬라, 파나소닉과 태양전지 패널 공동 생산〉 〈테슬라, 美 소비자 차량 만족도 1위〉 〈중국 EV 판매 고공성장… 수입차는 '테슬라' 유일〉 등의 기사가 쏟아졌던 것을 알 수 있다.

한 자산운용사 대표(CIO)는 투자 아이디어를 얻기 위해 길거리를 걷고 마트를 간다고 했다. 책상에 앉아 투자 지표를 뜯어보고 뉴스를 통해 세상 소식을 접하는 것도 중요하지만 세상이 변해가는 트렌드를 살펴봐야 한다는 이유에서다. 또 다른 자산운용사 CIO(최고투자책임자)는 과거 드라마보다 TV홈쇼핑을 재밌게 보는 아내의 모습을 보고 당시 2만 원대이던 LG홈쇼핑(현 GS홈쇼핑)에 투자해 1년 새 10배의 수익을 낸 일화를 들려준 적도 있다. (물론 아이디어를 얻은 후 업종과 종목에 대한 분석이 함께 이뤄져야 한다는 조언도 더했다.)

선택은 자유, 후회는 금물

다시 앞으로 돌아가보자. 플랫폼은 소비의 패턴까지 완전히 바꿔놓았다. 여행지를 생각할 때 '야놀자'를, 맛집을 검색할 때 '망고플레이트' 앱을 자연스럽게 활용한다. 생산자 → 도매상 → 소매상 → 소비자로 이어지던 전통적인 소비 방식에 새로운 녀석이 끼어든 셈이다. 생산자 → 플랫폼 → 소비자로 이어지는 전례 없던 방식이다. 생산자는 상품이나 서비스 공급을 위해 플랫폼을 거치고, 소비자들은 플랫폼을 통해 소비하는 방식이 익숙해졌다. 플랫폼 사용료를 기꺼이 지불하면서도 말이다.

테슬라, 아마존 등 글로벌 플랫폼 기업과 함께 현실과 같은 가상, '제2의 현실세계'를 만들어 낸 네이버 제페토, MZ세대의 '돈놀이'가 된 토스, '사는 재미'가 된 당근마켓, 'B급의 승리'가 된 야놀자와 같은 국내 플랫폼 기업들을 살펴봤다.

이번 책에선 자세히 다루지 못했지만 '라틴아메리카의 아마존'으로 불리는 메르카도 리브레(Mercado Libre), 동남아를 주름잡는 전자상거래 플랫폼 씨(Sea), 아마존의 대항마로 떠오른 쇼피파이(Shopify), 가장 진화한 형태의 데이터 플랫폼으로 평가받는 클라우드 기술주 스노플레이크(Snowflake), 부동산 온라인 중개플랫폼 컴패스(Compass) 등 해외로 눈을 돌리면 제2의 아마존이나 테슬라를 발견할 수 있다.

그렇다면 우리에겐 이 같은 기업의 주식에 투자를 할 것인가, 말 것인가라는 질문만 남았다. 주식은 꿈을 사는 비즈니스란 말이 있다. 우리가 이제 플랫폼의 기본을 알았다면 투자 판단은 개인의 몫이다. 이 책을 보고 난 후 플랫폼 기업에 대한 미래 성장성이 더 이상 보이지 않았다면 투자 리스트에서 제외해도 된다. 우리에겐 늘 새로운 투자처와 산업 트렌드, 경기 사이클이 찾아오기 때문이다. 물론 주식 이외에 부동산, 가상화폐 등 다른 투자처를 택하거나 안전한 은행 저축을 택해도 된다.

하지만 과거에 '도박' '위험한 투자'라는 고정관념에 휩싸였던 주식 투자가 코로나19를 계기로 이미지 변신에 성공한 것은 확실하다. [코로나19 사태를 계기로 주식에 대한 투자자들의 관심이 크게 높아졌지만 여전히 금융선진국에 비해 턱없이 부족하다. 한국은행에 따르면 2020년 말 국내 가계 금융자산에서 주식이 차지하는 비중은 19.3%로 집계됐다. 역대 가장 높은 수치였지만 미국 36.2%, 경제협력개발기구(OECD) 회원국 평균 24.3%에 아직 못미친다.]

투자를 제대로 하려면 결국 기본으로 돌아가야 한다. 이 책을 '플랫폼 기본서'로 스스로 정한 이유다. '투자의 귀재'로 불리는 박현주 미래에셋금융그룹 회장은 발전하는 산업, 성장하는 산업에 투자한다는 투자 철학을 고수하고 있다. 그는 "『플랫폼 레볼루션』이란 책을 읽고 아마존이나, 구글, 페이스북, 알리바바 주식을 샀으면 지금 (수익률이) 어머어마했을 것"이라며 "글로벌 기업을 관찰하고 직접 투자해야 한다"고 강조한 바 있다.

이 책을 읽고 조금이라도 영감을 얻었거나 새롭게 알게 된 것이 있다면, 단 한 주라도 내가 생각하는 미래를 바꿀 플랫폼기업에 투자해보면 어떨까. '늦었다고 생각할 때가 가장 빠른 때'라는 말이 있다. "그때 샀으면 내가 지금쯤 말이야…"라는 말을 반복하는 이들도 적지 않을 것이다. 한 번 놓친 기회는 다시 돌아오지 않는다. 어쩌면 지금이 라스트 찬스(last chance)일지 모른다.

벚꽃이 만개한 2020년 4월 1일, 검은 정장을 챙겨 택시에 올라탔다. 올림픽대로를 타고 아산병원으로 향하던 창밖엔 봄 기운이 완연했다. 떨리는 마음에 얼음장처럼 차갑던 내 손과는 온도가 달랐다. 병원에 들어서자 거센 바람에 벚꽃이 함박눈처럼 흩날렸다. 잔인하리만큼 아름다웠다.

오랜만에 만난 엄마는 더 이상 숨을 쉬지 않았다. 2019년 갑작스레 찾아온 코로나19라는 바이러스는 마지막 숨을 내쉬던 나의 엄마를 만나는 것조차 허락하지 않았다. 코로나19에 격리되어 강제로 이별연습을 하며 언젠가는 오리라 예상했던 그날이었지만 슬픔은 대비할 수 없는 것이었다. 되레 참으려 할수록 더욱 크게 터져 나왔으니 말이다.

2019년, 완치된 줄 알았던 엄마에게 4년 만에 두 번째 암이 찾아왔었다. 첫 번째와 다른 곳으로 전이가 된 상태였고 상황은 당연히 더욱 좋지 않았다.

내 인생이 송두리째 흔들렸다. 4년 전 모든 불행이 사라졌다고 착각하며 살아왔기 때문이다. 다시 찾아온 불행이 감당하기 어려워 휘청거리던 2019년, 나에게 한 여자가 가을 단풍처럼 스며들었다. 나의 투정을 온몸으로 받아낸 그녀 덕분에 엄마를 간호하고, 엄마를 떠나보낼 수 있었다.

이 책을 쓰며 받았던 스트레스까지 견뎌준 그녀는 엄마가 떠나기 전 나에게 온 선물임에 틀림없다. 이 책을 보고 누구보다 행복해했을 나의 엄마와 지금 내 곁에서 나를 칭찬하고 있을 나의 그녀, 그리고 나의 곁에 남아 있는 가족들에게 감사의 마음을 전한다.

참고자료

- 강병준, 류현정,『구글 vs 네이버 검색대전쟁』, 전자신문사, 2008, pp.36-37

- 구와바라 데루야,『스티브 잡스 그가 우리에게 남긴 말들』, 티즈맵, 2011, p.47, 109, 113, 129, 149

- 김범진,『스티브 잡스 아이 마인드 I Mind』, 이상, 2010, p.141

- 김성애, "中 핀테크 산업 규제 본격화", KOTRA 해외시장뉴스, 2021.05.25, 〈news.kotra.or.kr/user/globalBbs/kotranews/782/globalBbsDataView. do?setIdx=243&dataIdx=188553〉

- 김용기, 이동원(2007),「규제빅뱅」, 삼성경제연구소, p.22

- 김우철,「이제는 쿠팡 시대, 대한민국 E-커머스의 선두주자」, 자유경제원 한국의 기업가 (No.15-31, 2015)

- 김재영(2021),「초연결성은 어떻게 지역성과 만나나: '당근마켓' 사례를 통한 탐색적 시론」, 한국언론정보학보, p.108, pp.7-29

- 김지선, 장문석, 류인태,「공유와 협업의 글쓰기 플랫폼, 위키」, 인하대학교 한국학연구소 (제60집, 2021), pp.371-419

- 김현희, 이병희, 백필호, 「국내 소셜커머스 시장의 변천 및 기업의 진화」, 경영 사연구 (제32권 제4호, 2017), pp.135-154

- 나루케 마코토, 『아마존의 야망』, 서울문화사, 2019, p.4, 23

- 다나카 미치아키, 『아마존 미래전략 2022』, 반니, 2018, p.19, 32

- 데이비드 브라운, 『비즈니스워』, 한국경제신문, 2021, pp.155-165

- 마마셜 밴 앨스타인, 상지트 폴 초더리, 제프리 파커, 『플랫폼 레볼루션』, 부키, 2017, p.19, pp.35-36

- 문보경, 권건호, 김민수, 『톡톡! 국민앱 카카오톡 이야기』, 머니플러스, 2011, pp.14-18, p.53

- 빌 캐포더글리, 린 잭슨, 『디즈니웨이』, 현대지성, 2019, pp.15-16, p.38

- 스콧 갤러웨이, 『플랫폼 제국의 미래』, 비즈니스북스, 2018, p.24

- 아주대학교경영대학원, 『마이크로소프트의 경쟁력』, 비전출판사, 2010, pp.53-56

- 알렉스 모아제드, 니콜라스 존슨, 『플랫폼 기업전략』, 세종연구원, 2019, pp.34-35, p.53

- 애덤 라신스키, 『Inside Apple』, 청림출판, 2012, pp.218-219

- 오바타 세키, 『애프터버블』, 미세기, 2021, pp.8-17

- 오현정, 「KB 지식 비타민: 간편송금에서 금융플랫폼으로 진화한 토스」, KB경영연구소 (18-34호, 2018)

- 유한준, 『마윈 리더십』, 북스타, 2015, p.18

- 이웅희, 정연승, 강원, 「벤처침체와 새 활로」, 삼성경제연구소 CEO인포메이션 (2001)

- 임원기, 『네이버, 성공 신화의 비밀』, 황금부엉이, 2007, pp.20-47

- 임정욱, 「'야후' 몰락 이끈 '정체성 혼란, 리더십·기술 역량 부재'」, 『신문과방송』, (560호, 2017), pp.10-16

- 장샤오헝, 『마윈처럼 생각하라』, 갈대상자, 2014, pp.4-5, 22-29

- 장정훈, 『네이버 스토리』, 뉴런, 2007, pp.25-27, p.44

- 전유진, "전 세계 물류난 속 돋보이는 아마존의 배송 물류망, 아마존 에어 허브", KOTRA 해외시장뉴스, 2021.09.24, 〈news.kotra.or.kr/user/globalBbs/kotranews/782/globalBbsDataView.do?setIdx=243&dataIdx=190923〉

- 정다운, "[수익 모델 전략] (4) 플랫폼으로 연결하라 | 공장 하나 없이 옷 20억 벌 만드는 리앤펑", 매경이코노미, 2018.02.02, 〈www.mk.co.kr/economy/view/2018/77066〉

- 정지수, 「메타버스 관련 국내외 금융업의 현황과 이슈」, 『자본시장포커스』 (19호, 2021)

- 존 로스만, 『아마존웨이』, 와이즈맵, 2018

- 주닝, 『예고된 버블』, 프롬북스, 2016, p.227

- 주예성, 장링, 김서, 「텐센트, 중국 혁신 생태계의 중심으로 부상」, 『China next 1호』(2019)

- 찰리 모리스, 『테슬라 모터스』, 을유문화사, 2015, p.12, 17, 148, pp.31-32, 66-67

- 최규헌, 『붉은 별이 온다』, 한빛미디어, 2015, pp.86-119

- 최병삼, 「성장의 화두, 플랫폼」, 『SERI 경영노트』 (제80호, 2010)

- 최원석, 『테슬라쇼크』, 더퀘스트, 2021

- 카카오 히스토리, 〈www.kakaocorp.com/page/kakao/history〉

- 한완상, 조병학, 『트리플 버블』, 인사이트앤뷰, 2021, pp.15-17

- 히라노 아쓰시 칼, 『플랫폼 전략』, 더숲, 2011, p.55

- "2022년 금융산업 전망", 하나금융경영연구소, 2021.10.21, ⟨www.hanaif.re.kr/
  boardDetail.do?hmpeSeqNo=34957⟩

- "American Express (아멕스) 관련 내용 총정리", 2021.06.11, ⟨hongikstory.
  tistory.com/590⟩

- "아멕스 역사를 통해서 본 아멕스카드 변천사", 2020.04.09, ⟨blog.naver.com/
  americanexpress/221899356682⟩

■ 독자 여러분의 소중한 원고를 기다립니다

메이트북스는 독자 여러분의 소중한 원고를 기다리고 있습니다. 집필을 끝냈거나 집필중인 원고가 있으신 분은 khg0109@hanmail.net으로 원고의 간단한 기획의도와 개요, 연락처 등과 함께 보내주시면 최대한 빨리 검토한 후에 연락드리겠습니다. 머뭇거리지 마시고 언제라도 메이트북스의 문을 두드리시면 반갑게 맞이하겠습니다.

■ 메이트북스 SNS는 보물창고입니다

메이트북스 홈페이지 matebooks.co.kr

홈페이지에 회원가입을 하시면 신속한 도서정보 및 출간도서에는 없는 미공개 원고를 보실 수 있습니다.

메이트북스 유튜브 bit.ly/2qXrcUb

활발하게 업로드되는 저자의 인터뷰, 책 소개 동영상을 통해 책에서는 접할 수 없었던 입체적인 정보들을 경험하실 수 있습니다.

메이트북스 블로그 blog.naver.com/1n1media

1분 전문가 칼럼, 화제의 책, 화제의 동영상 등 독자 여러분을 위해 다양한 콘텐츠를 매일 올리고 있습니다.

메이트북스 네이버 포스트 post.naver.com/1n1media

도서 내용을 재구성해 만든 블로그형, 카드뉴스형 포스트를 통해 유익하고 통찰력 있는 정보들을 경험하실 수 있습니다.

STEP 1. 네이버 검색창 옆의 카메라 모양 아이콘을 누르세요.   STEP 2. 스마트렌즈를 통해 각 QR코드를 스캔하시면 됩니다.
STEP 3. 팝업창을 누르시면 메이트북스의 SNS가 나옵니다.